献给我的父亲和母亲

周康梁 著／摄

他们那一套

中国记者的英国社会观察和影像记录

In search of Britain

A Chinese Journalist's Experience and Images of the British

文汇出版社

前言：带着好奇心上路
Foreword: A Curious Approach

2006 年 10 月，应朋友托付，我陪同两位英国摄影师拍摄云南境内的长江上游，他们更习惯于称这条江为"扬子江"，一周的合作经历让我第一次强烈感受到不同文化背景带来的冲击。

与我们同行的还有一位中国摄影家，因为长年游走于这些山水之间，特别邀请他客串司机兼向导，本来这是一次有着共同兴趣点和目的的旅程，但从第一天开始，"麻烦"就没停止过。比如，英国同行提出的要求是介绍流域附近最有特点的景观和走访典型的乡村社区，当我的摄影家朋友兴奋地载着他们到达他认为值得推荐的地方时，不列颠人有时连眼皮都懒得抬一下，有时则只是以英国人特有的客套口头赞美一下，却并没有开工干活的意思。

而当摄影家驱车匆匆赶路时，他们可能会毫无征兆地要求停车，并对着窗外看似平淡的风景大呼"Beautiful"（漂亮），然后搬下大型摄影器材猛拍一气。如此反复数次后，搞得我们的向导很茫然，不知该如何是好。

另外，一路上在饮食起居、行程安排、对当地风土民情和中国国情的理解等方面一直存在分歧，沟通也时有不畅，大家似乎都认为自己理解的世界和审美是对的，为了能顺利完成拍摄计划，双方还如谈判般认真严肃地交流过数次。最终，这趟工作之旅在艰难地相互磨合与妥协中结束。

此后不久，我开始准备自己的第一次英国访学之行，为此，向周围曾经在这个国度有过生活、学习和工作经历的朋友们咨询，希望除了书本上的介绍外，能对那个"传说"中的日不落帝国有更多了解，也试图从只言片语中拼凑出一个大不列颠的形象。

一位刚留学归来不久的女孩告诉我，她在英格兰西南部的生活很惬意，那里的阳光、海岸、草地和城堡给她留下美好回忆，言语间充满了陶醉和幸福，兴奋的面颊好像要开出花来；而另一位更早些的海归说得更多的是苏格兰北部漫长的冬季和难熬的长夜，"那一年，简直是噩梦！"说话间，他的额头似乎能拧出水来。"人的记忆是有选择的！"这时，一位前辈插话道，这也更激发了我对即将登陆的岛屿的好奇心。

2007年1月17日下午4点，我踏上了大不列颠的土地。走出希斯罗机场，空气中弥漫的是一股淡淡的、甜甜的香草味。数日后一个朝阳晃得人睁不开眼的清晨，第一次离开伦敦去往外地途中，窗外如画般的美景向后飞驰，令人目不暇接。冬日湛蓝的天空，成片青绿的山丘和其上悠闲吃草的牛羊，我似乎明白了为什么英国同行在中国看到类似场景时的反应。我们有被冠之以"香格里拉"的高原风光，不列颠有名为"高地"的壮美景色，我们总以为自己身处的地方是最美的，而对见多识广、走遍世界的英国摄影师，这可能只是他们见识过的众多风景中的一处，眼界决定了人们看待世界的方式和态度。

其实，再漂亮的英格兰南部也有疾风暴雨，苏格兰漫长的冬夜换来的是夏季晚上10点多还能看到美丽晚霞的夜空，只是每个人由于心境不同，记住了截然相反的部分而已。当我们总是想着那些细雨霏霏、雾霭沉沉，英国就是冰冷、阴暗和潮湿，让人避之不及的"老英格兰"；而当我们眼前浮现房前屋后怒放的花朵和人们脸上的笑容，还有甜得发腻的各色布丁时，大不列颠就是开朗、热情和令人回味的。

这就是我们生活的世界，因为审视角度不同，体验相去甚远。

我想起了行前与一位同事道别的情景，当他得知我即将赴英访学一段时间后，略带不屑地说：他们那一套呀！

他们那一套是哪一套？我们对他们那一套有多少了解？这似乎是一个很难回答的问题，站在不同角度，会有不同答案。

很多时候，我们往往太过自信于自己的这一套，而忽略了世界之大，天外还有天。更为遗憾的是，很多人，既没有弄明白自己这一套，更不愿意搞清楚别人那一套。

所以，有色眼镜不总是架在别人的眼睛前。

所以，直至今日，总还有人问我：伦敦还是雾都吗？泰晤士河仍然臭气熏天吗？而恰恰我们自己生活的城市正在成为新的"雾都"，一条条清澈的河流变成冒着黑泡的排污道。

所以，不止一位初到伦敦的中国人面对市中心黄金地段的大片公共绿地略带惋惜地感叹：这能盖多少高档楼盘啊！他们已经习惯了满眼热火朝天的工地和置身钢筋水泥森林中，觉得那才是现代化，并且对伦敦"居然" 没什么太多摩天高楼表示不解。

100 多年前，米字旗插遍半个地球，统计数据记载，1848 年大英帝国的人口总数是两亿两千两百万人，约占当时全球人口的 1/5，领土面积达 500 万平方公里。伴着坚船利炮，他们输出工业发明、现代运动项目和殖民统治，至今还影响着世界，而这一切背后总有原因。当真正踏上这片土地，生活在不同的文化中时，我发现：他们，确实有一套。

早在 85 年前，在剑桥的诗人徐志摩就说过："至少我们得承认英国，就它本身说，是一个站得住的国家，英国人是有出息的民族，它的是有组织的生活，它的是有活气的文化。"美国哲学家爱默生则在更早时夸赞英国人"不是靠机遇，也不是靠人多势众，而是靠他们的品质和个人非凡的能力，引领者当今世界的潮流"， 把一个原本寒冷、贫瘠的北方小岛，建设成"整个世界上最盛产、最奢侈、最威风的国度"。

作为一名调查记者，职业的习惯总让我对陌生和未知的事物充满好奇，希望看到现象后面的背景。随后的日子里，我以十足的精力游走了这个岛国

4

的很多地方。虽然废寝忘食，甚至是贪婪地记录、观察和查阅资料，试图距离这个国家和人民更近些，但它悠久的历史、灿烂的文化、纯朴的民风、秀丽的风光、傲视全球的眼光等让人眼花缭乱，海量信息更是令人目不暇接，我所能涉足和关注的内容连沧海一粟都算不上。

关于英国的宏观历史介绍和旅游指南、宝典已经有很多，我所关注的一些题目则是大家貌似熟知，但是又没有深入了解的，内容涉及历史沿革、政治体制、城市管理、社区规划、法律法规、社会文化和民风民俗等。于是，采访和挖掘背后的故事，拍摄图片和视频便成为我乐此不疲的事情，每每有所斩获，便恍然大悟，兴奋不已，其中很多故事就连英国人自己都知之不详，由此也让他们对面前这个探寻不列颠历史、文化的中国媒体人另眼相看。

从 2008 年起，在写作英国电视研究专著的间歇，我开始在报纸和杂志上发表专栏，和读者分享自己此前的经历和所思所想，当时的想法是利用专栏定期刊发的压力作为动力，让自己在本来已经很繁忙的工作间隙不懈怠，把散乱和零碎的内容整理出来，积少成多，最终集结成册。此后四年里，在专栏基础上，我陆续对篇幅和内容进行了大幅扩充、修订和完善，并且增加了大量原创拍摄的图片，同时为让读者对涉及的历史部分有更形象理解，还从相关机构和佚名作者处搜集了一些资料图片。

散点是系列专栏的特征之一，主题涉及英国社会方方面面，内容都是一个中国人在异国他乡，基于自己以前生活、工作经历的所思所感，看起来记述的是英国的人、物、事，落脚点却无一不在万里之外的祖国。如果按照英国电视制作的路数，这本书有可能会是一部同名纪录片配套发行的读物，英国人对历史、文化的介绍不止停留在书本上，很多电视节目也不是一次性消费的"易耗品"，纪录片是传播某个领域知识的很好载体，对此我的不列颠同行们花样翻新，新意辈出。不得不说，无论作为电视人、记者、摄影师，还是专栏作者，我的创作思路受到他们很大启发。

现在有越来越多的中国人来到英国学习、生活、工作和旅游，但由于受到生活环境、个人能力、工作性质、人生阅历等限制，如前面的例子一样，每个人看到、经历和理解的英国大相径庭。作为读者，我曾经阅读过不少前人写下的他们眼中的英国，时光荏苒，当年的文字变成了我们比照历史和当下的范本。我希望，今天您手里的这本书在未来也能成为人们了解21世纪初的中国人是如何看待英国的一个标本。

本书封面拍摄于 2011 年 4 月，英国王子威廉结婚庆典前夕，泰晤士河旁的议会大厦钟楼是重要地标之一，一旁迎风飘舞的米字旗，给很多初到伦敦的人留下深刻印象。希望这个场景让您从第一眼就感受到典型的英伦气息，然后"揭开"表面，随着我的文字和镜头一起深入英国的过去和现在。

带着好奇心，发现的目光，勤快的双腿和思考的头脑上路，我行走在英伦的日日夜夜，一直在尝试解读不同文化，探寻"他们那一套"。终于，它成了这本书的名字。

周康梁

于牛津 夏镇

目录
Contents

让建筑诉说历史传奇
Living in the Past

"这个项目把建筑用一种特殊而触手可及的方式展现给公众，把过去融入现在，在历史和历史的氛围中教育大众，让这里乃至整个国家都感到无尚光荣。"

伦敦西北部有一个叫做"诺丁山"的地区，因为美国女影星茱莉亚·罗伯茨和英国影星休·格兰特主演的同名电影《诺丁山》而被中国观众乃至全世界影迷所熟知。诺丁山充满了古典气息，也洋溢着异国情调，一年一度的嘉年华狂欢节是伦敦最重要文化活动之一。这里又被称为"伦敦富人区"，当地房价不受经济形势的影响，英国现首相戴维·卡梅伦的私人住宅就在这一区域，他的很多"幕僚"也居住于此。

诺丁山有一片公共绿地名叫圣詹姆斯花园，环绕它的是外形一致的四层白色台阶排式建筑，浅色的外立面、铁艺的装饰栏杆整洁典雅。花园北侧一排房子的中间，也就是 31 号，曾经是中国作家老舍（1899 — 1966）的住所，他 1925 至 1928 年间客居英国时曾在此居住。

1918 年，一个名叫舒庆春的年轻人从北京师范学校毕业，此后，他利用业余时间去英文夜校学习，在那里认识了伦敦大学神学院毕业生宝乐山，继而通过宝牧师引荐认识了英国教授艾温士。1923 年，舒庆春在燕京大学跟艾温士教授补习英文，当伦敦大学东方学院委托这位在中国的教授推荐一名教官话的中国教师时，艾温士第一个想到的候选人便是舒庆春。

1924年夏天，经过40多天航行，25岁的舒庆春来到伦敦，在伦敦大学东方学院担任汉语讲师，他给自己起了一个英文名字叫科林·C.舒，系主任是大名鼎鼎的庄士敦。老舍后来回忆这段生活时，常常提起自己的一篇论文《东方研究学院》，这篇发表于1937年的文章以生动有趣的语言描述了英国同事们的汉学研究。

"设若英国人愿意，他们很可以用较低的薪水去到德法等国聘请较好的教授。可是他们不肯。他们的教授必须是英国人，不管学问怎样。就我所知道的，这个学院里的中国语文学系的教授，还没有一位真正有点学问的。这在学术上是吃了亏，可是英国人自有英国人的办法，决不会听别人的。"[1]

那时当然没有"孔子学院"，汉语教学也远不及现在正规，不过学生则五花八门，"有的学言语，有的念书，有的要在伦敦大学得学位而来预备论文，有的念元曲，有的念《汉书》，有的是要往中国去，所以先来学几句话，有的是已在中国住过十年八年而想深造……总而言之，他们学的功课不同，程度不同，上课的时间不同，所要的教师也不同。这样，一个人一班，教授与两个讲师便一天忙到晚了。"[2]虽然对英国同事们的水准持质疑态度，但科林·C.舒老师总是鼓励学生，对他们研究中国或者和中国有关的课题给与大力支持。在舒老师的"门徒"中，甚至有两位70多岁的"老绅士"，一位专学中国字，另一位则学说中国话。

客居英国，5年的时光很惬意。舒老师的课程排得并不紧，周六下午没有课，每周除了休息日以外，学院还额外放他半天假。不过，这位中国年轻人可没闲着，为了提高英文水平，他阅读了大量原文作品，图书馆是他最喜欢去的地方。

在伦敦的异国生活、不同文化和知识的浸染让舒庆春大开眼界，也激发了他的文学热情和创作，在图书馆和诺丁山圣詹姆斯花园31号的房子里，他写成了第一部长篇小说《老张的哲学》，于1926年在《小说月报》17卷第7号上连载，并从第8号起首次启用笔名"老舍"，这部作品的发表是老舍文学创作道路的开端。随后，老舍又发表了《赵子曰》和《二马》，虽然他人

上　圣詹姆斯花园旁的老舍故居

下右　科林·C·舒在伦敦诺丁山圣詹姆斯花园31号

下左　早期镶嵌标志牌的建筑（图片来源：English Heritage）

在伦敦，但是作品已经以文笔轻松酣畅，富有北京地方色彩，善于刻画市民生活和心理引起了关注，奠定了在中国现代文学史上的地位。

让我"发现"这段历史的线索是悬挂在圣詹姆斯花园 31 号建筑外墙上的一面蓝色圆牌，高度正好和行人的视线平齐，十分引人注目。为了纪念这位曾经在英国工作、学习的中国著名作家，2003 年 11 月 22 日，"英国遗产协会"为这处老舍故居颁发了"蓝徽"，并举行了揭幕仪式。老舍的儿子舒乙也参加了仪式，并且在伦敦大学亚非学院开设讲座，主题是"科林·C.舒在中国现代文学中的地位和作用"。

时光荏苒，当时的"东方研究学院"已经扩充为世界知名的"东方和非洲研究学院"[3]，80 年的岁月一如白驹过隙，物是人非，留下的是作家的不朽作品和墙上纪念他的一面蓝色徽章。

在英国，路人经常会看到这样的蓝色徽章，它们以醒目的方式提醒你留意这里曾经居住过的名人和发生的历史事件，房子的拥有者也会为此感到自豪和骄傲。

在建筑物上设立纪念性标志牌的设想最初是 1863 年一位名叫威廉·尤而特的下议院议员提出的，这个提议得到发明家亨利·科尔[4]的支持，并在议会通过，1866 年开始正式实施，被认为是世界上最早的历史文化标志体系。最初考虑的授牌人选有美国物理学家、发明家、政治家和社会活动家本杰明·富兰克林，他是英国移民的后裔；海军上将霍雷肖·纳尔逊，1805 年 10 月 21 日，他指挥英国舰队与法国、西班牙联合舰队在西班牙的特拉法加港海面上激战，最后中流弹牺牲。现在人们能在伦敦市中心的特拉法加广场看到纳尔逊 5.3 米的铜像高高矗立在 52 米的圆柱形纪念碑上，俯视着伦敦城。还有一位候选人是英国 18 世纪的演员、剧作家戴维·加里克。

1867 年皇家艺术学会正式颁发了第一面纪念牌，镶嵌在伦敦牛津圆圈区霍利斯街 24 号的一幢房子上，获得这项殊荣的却不是上面提到的名人，而是诗人拜伦，这里是他的出生地，遗憾的是这座房子于 1889 年被拆毁了。

当时很多房子都面临被拆毁的危险，而设立纪念牌的初衷就是为了建立

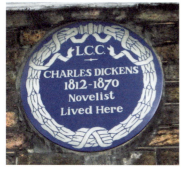

上 各种款式的"蓝徽"
下左 纪念19世纪英国批判现实主义小说家查尔斯·狄更斯故居的蓝徽
下右 纪念"乔治六世的言语矫治师"莱昂内尔的绿牌,前立者为《国王的演讲》作者马克

起名人和建筑之间的联系，按照1873年《泰晤士报》记者撰写的报道说就是"让我们的房子诉说他们的传奇"，同时也希望通过颁发和悬挂纪念牌的方式鼓励大家更好地保护具有历史意义和价值的建筑，"用永久性的方式标示出名人的房子能拯救很多遗迹，使它们免于被粗暴地推倒"。此后英国还先后成立了"古建筑保护学会"和"国家基金会"之类的组织以唤起人们对伦敦老建筑的保护意识。后来颁发纪念牌的工作于1901年和1965年又相继转给了伦敦郡自治委员会和大伦敦议会。

其实，最早的纪念牌并不是蓝色，也不叫"蓝徽"，当时的名称是"伦敦有历史价值的房子的标志"。"蓝徽"的称呼是第二次世界大战后才确定的，之所以选择蓝色为永久使用色，主要原因是它在英国传统建筑的红砖墙上看起来比较醒目。除了颜色之外，纪念牌的形状、材质和制作工艺此前也不统一，曾经使用过铜、铅等金属材料和石材，后来使用上釉的陶片手工制作。1938年一个艺术学校的学生重新设计了纪念牌，删去早期纪念牌中过多的装饰性元素，使得字体更大，逐渐形成现在看到的样式。

历经近140年风雨后，皇家艺术学会最初颁发的35面纪念牌至今还有半数留存，1985年，蓝徽的颁发工作传递到了英国遗产协会的手中，至今颁发数量已经超过了七百块。1998年，英国遗产协会开始向全国推广这项旨在保护文化历史遗迹的工作。

现在，蓝徽的颁发已经形成了严格的标准，对候选人的要求主要有这样几项：

一、候选人必须去世至少二十年，或者到了诞辰百年的纪念日；

二、候选人在自己的领域内必须是受到公认的杰出人物；

三、为人类的福祉做出重要贡献；

四、在全国享有很高的声誉，让见多识广的行人马上就能识别出来；

五、如果是外国候选人，他们需要具备国际声誉，或者在自己的国家有着很高的地位。

六、在英国范围内，一位名人享有的蓝徽不能超过两块。

除了英国遗产协会颁发的蓝徽以外，英国各地的不同机构也会设置属于他们自己的纪念牌，以纪念那些虽然达不到国家级蓝徽标准，但是对于当地人来说很有纪念意义和价值的人物，在设计上，他们也都选择了"蓝徽模式"。

2011年5月19日，伦敦哈利街146号，由威斯敏斯特议会颁发的一面"绿牌"揭幕了，牌子上标着"莱昂内尔·洛格，乔治六世的言语矫治师，1926年至1952年在此从业"。这里发生的故事后来被莱昂内尔的孙子马克写成了书，并拍成电影《国王的演讲》。参与揭牌的议员说："我们很高兴授予莱昂内尔·洛格这项荣誉，他恪尽职守，不在乎社会地位和背景，为各行各业的人们提供服务，希望这面在首都核心区的徽记是对他工作的最好褒奖。"

在这个重视历史文化保护的国度，人们不经意间在街头巷尾会发现各种蓝徽，它们就像散落在不列颠岛上的"蓝色珍珠"一样，散发着璀璨的光芒，折射出这个国家丰厚的人文和历史，引领着如我一样的路人透过老建筑去探寻背后的传奇，潜移默化地实现了文化传承和公众教育的目的。

蓝徽上的外国名人们则给这些"珍珠"增添了异国情趣。正如那个上午，我怎么也不会想到能在异国他乡和一位中国作家以这种方式"不期而遇"，是满眼英文中的两个汉字——"老舍"吸引了我的视线。凝望着墙上的蓝徽，身处伦敦，耳边响起的却是浓重的京腔京韵和《茶馆》开场那一幕市景喧嚣的场景。

"这是任何一个人都想拥有的荣誉，而最有意思的是，这些名人无法知道他们拥有这面蓝徽，"一位英国作家曾经在一次蓝徽揭幕仪式上这样说，"这个项目把建筑用一种特殊而触手可及的方式展现给公众，把过去融入现在，在历史和历史的氛围中教育大众，让这里乃至整个国家都感到无尚光荣。"

1.《老舍散文集》"东方学院：留英回忆之三"。（载一九三七年三月《西风》第七期）
2.《老舍散文集》"东方学院：留英回忆之三"。（载一九三七年三月《西风》第七期）
3. School of Oriental and African Studies，简称 SOAS，亚非学院。
4. 1837 至 1840 年间，他作为邮票之父罗兰·希尔的助手，参与了世界上第一枚邮票"黑便士"的设计；1843年，又推动了世界上第一张作为商业用途的圣诞贺卡的使用。
5. 2011 年第 83 届奥斯卡提名名单上，《国王的演讲》获得 12 项提名，并最终拿到最佳影片、最佳导演、最佳男主角、最佳原创剧本四项大奖。

深入不列颠的步道
New String, Old Pearls

> *历史并不是教科书上空洞的说教，其实它就在我们身边，在我们脚下。之所以在英国能体会到浓浓的历史氛围，很重要一个原因是源于人们很好地保护了自己的历史遗迹，而建筑就像DNA一样传承着远古的信息，让人不经意间就能置身其中，感受到历史的气息。*

如果说蓝徽是英国历史和文化散落在都市、乡村中的"蓝色珍珠"，那么"步道"则是串起这些珍珠的项链，它是深入了解英国最好的途径之一。按照一条规划好的路线和主题走街串巷，既能在最短的时间里领略精华，同时又避免走冤枉路。

比如，由伦敦博物馆设计的沿着罗马时期遗留城墙遗址步行的"行走伦敦城墙"步道，从沿途含有"Gate"（门）的地名上就可以看出当时的伦敦城也像中国古城一样有很多城门，这属于"伦敦老城"主题步道；而英国遗产组织规划的"行走遗产"步道，把伦敦重要的历史文化遗迹串起来，提供了一次让游人走马观花的机会；1977 年 6 月 9 日，为了纪念女王伊丽莎白二世登基 25 周年设立的"伦敦银朱比利步道"，全程 13.2 英里，由女王本人亲自揭幕，则把伦敦市中心泰晤士河两岸的主要景点"一网打尽"。

此外还有长距离的步道，比如 1996 年开通的"泰晤士步道"，则是沿着英格兰最长的河流——泰晤士河行走，全程 296 公里，可以饱览沿途的城市和乡村美景。

除了官方的步道以外,徒步爱好者或者民间组织也会设计一些特色步道,比如以餐饮、演艺、酒吧等为线索展开不同寻常的旅行,还有人以"文学"为主线,寻找那些为我们留下宝贵文化遗产的作家、剧作家和诗人们的生活轨迹,顺便讲述他们的"八卦"故事。

在伦敦按图索骥的行走,因为有了地铁变得很方便,路线设计者把起点和终点都放在地铁站,在两点之间清晰准确地告诉你能看到什么和后面的故事背景。每条步道的长度一般从三四公里到十公里不等,可以根据自己的喜好和行走能力决定,只要不是对方向和地图完全没有感觉的人,一般都能完成线路。而有时候,不经意的游走会带给你出人意料的收获。

我对伦敦和不少英国城市的深入探访,就连当地的朋友也感到惊讶,因为很多地方他们都没有涉足。2008 年 5 月 1 日,我就踏上了一条不断收获惊喜的"发现之旅"。

起点选择在巴比肯地铁站,附近最有名的建筑是欧洲最大的演艺中心之一——巴比肯中心,这座 1982 年开放的艺术场所是伦敦交响乐团和 BBC 交响乐团的常驻演出地,主会堂能容纳 1949 人;剧场有 1166 个座位,如果需要还可以增加 200 个席位;中心有 3 个电影院,分别能容纳 288 人、255 人和 155 人;还有画廊、3 个餐厅、7 个会议室和 2 个商务大厅。

按照指南,距离巴比肯中心不远就是伦敦博物馆,这里没有大英博物馆的游人如织,安静的环境更容易让人静下心来体会伦敦这座城市的历史。

走进一条小巷,一座规模不大的教堂掩映在树丛中,别看它其貌不扬,这可是伦敦第一座教堂——圣巴塞罗缪教堂,就在我站在路边低头查阅手册时,一位路过的男士停下来主动向我讲解它的历史。

"教堂建于 1123 年,是英国国教会的教堂,你找对地方了!"看得出他为有人专程到小巷里寻找这座教堂感到惊讶,也为自己住在附近感到自豪,类似的"热心人"在英国各地都能碰到。

随处可见的教堂对我而言大同小异,倒是这里镶嵌了彩色玻璃的长长走廊吸引了我的视线,阳光透过玻璃在地面上投射出五彩的斑斓。正举起相机拍摄，一位经过的神职人员告诉我要关门了，走前还不忘提醒道："这里可是很多著名电影中婚礼场景的外景地哦！"

原来，中国观众很熟悉的《四个婚礼和一个葬礼》《侠盗王子罗宾汉》《莎翁情史》、《爱到尽头》、《奇异的恩典》、《伊丽莎白：黄金年代》和《美人心机》，以及英国广播公司2009年出品的《大侦探福尔摩斯》都有场景在这里拍摄，看来还真是导演们格外青睐的宝地。厚重的木门随着我的离开而关上，心中暗自庆幸赶上了今天教堂开放的"Last Minute"（最后时刻）。

走出教堂不到一百米，就来到了英格兰最早的医院——圣巴塞罗缪医院，它同样建于1123年，医院的入口处是一座古老的建筑，上面竖立的是1546年重建医院的英国国王亨利八世（1491-1547）的塑像，这也是他在伦敦的唯一一座雕像。这位在位38年的国王最重要的功绩是发动了十六世纪的宗教改革，与罗马教廷决裂，确立基督教新教为英国国教。

圣巴塞罗缪医院从设立至今在原址存在了近900多年，幸运地躲过了1666年的伦敦大火和1940-1941年间纳粹德国发动的闪电战攻击，现在这座拥有388个床位的医院仍然在为伦敦市民服务。

作为参观者，我不得不为在这么小的范围内有如此密集的古迹和由此引出的历史背景感到惊讶，如果不是置身活生生的实物和遗迹旁，仅凭一个抽象的地名和街边竖立的简介，是很难引起人们追寻历史的兴趣的。

英国人以拥有一座有历史的建筑而感到自豪，以能够展示美丽的人文和自然相结合的风景而引以为傲。有了"步道地图"和这些沿途标志的引领，无论在城市，还是乡村，徒步都会变得犹如探险般刺激，如游戏般有趣，在行走中收获知识、快乐、健康和感悟。

刚过一条街，面前就是一排"恢弘"的维多利亚风格的建筑，说它"恢弘"是因为它的体量大，钢架结构配以华丽的装饰和色彩，让我犯了嘀咕：这是什么地方呀？

地图上标明是"肉类批发市场"，但是从外观怎么看都不像，直到我透过已经关了门的栅栏，看见里面悬挂的一只只火腿才相信这里确实是"肉类批发市场"。市场营业的时间是凌晨 4 点到中午 12 点，我经过的时候早就已经打烊了。

伫立在我眼前的这座维多利亚风格的建筑叫做"史密斯菲尔德"市场，建于 19 世纪中叶，建筑师为霍勒斯·琼斯，也是著名的"伦敦塔桥"的设计者之一。在冰箱出现以前，这种钢架结构的顶部设有天窗，既能阻挡阳光，又能通风透气，市场里的温度甚至比阴影下还低，有利于肉制品的保鲜。

史密斯菲尔德市场的历史可以追溯到中世纪，当时它是在伦敦城墙外的一块空地，用于骑士的长矛比武、马术比赛、集市和集会，也是处决犯人的地方。在这里被处决的最有名的、也是中国读者最熟悉的人物名叫威廉·华莱士，他的故事曾经被搬上荧幕，就是那部荣获第 68 届奥斯卡奖"最佳摄影"和"最佳导演"的电影——《勇敢的心》，梅尔·吉布森扮演的威廉·华莱士被处决前，最后声嘶力竭地喊出 "Freedom"（自由），不知让多少观众感动落泪。

威廉·华莱士被视为苏格兰独立战争的民族英雄，1305 年 8 月 5 日在战斗中被俘后迅速押解到伦敦，8 月 23 日，赤身露体的华莱士被拴在马后游街示众，到达史密斯菲尔德，几乎是被凌迟处死的。700 年后的 2005 年，人们在附近的圣巴塞罗缪教堂为他举行了纪念仪式，这是他死后的第一个正式葬礼。

1945 年二战期间，史密斯菲尔德市场遭到德国闪电战的轰炸，造成 160 人死亡，其中，鱼市、蔬菜水果市场被摧毁，后来又遭遇火灾等影响，但都没能阻挡顽强的经营者们一次次的重建。现在史密斯菲尔德是伦敦的中心市场，也是英国最大的肉类批发市场，经营的肉类来自新西兰、澳大利亚、非洲和南美，在欧洲也能排得上号。

2005 年，这座建筑也曾经面临过被拆毁的危险，房地产开放商想建一座七层的写字楼。此计划一出便遭到了"英国遗产"和"拯救不列颠遗产"等组织的反对，通过宣传，公众知道了这座维多利亚时代建筑的重要性。最终，在社会和媒体的强烈抗议和政府组织的听证下，史密斯菲尔德市场得以

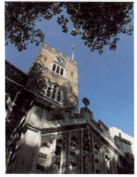

上 史密斯菲尔德市场
下左 伦敦第一座教堂 — 圣巴塞罗缪教堂
下右 圣巴塞罗缪教堂的走廊，到电影中去找看有没有熟悉的场景

保全，并且纳入了一项新的城市发展计划中，让它成为这个区域的历史标志之一。

市场主通道两边用黄色展览板展示着这座饱经风霜的农贸市场的历史，其中当年小贩们看似平常的留影很是感人，他们身穿白大褂，头戴白帽子，一个个看起来干净整洁，面容祥和平静。在最后一块展板上，一群年轻经营者的笑脸下面打出的是这样三行字：

昨天，我们在这里；

今天，我们在这里；

明天，我们还将在这里。

以上这些地方只是全程 3.2 公里步道中的一小部分，这里有历史的遗迹，有在原址上修建的、功能没有改变的新建筑，无论是哪种，它们无一例外地在醒目位置处标明了自己的年代和历史介绍。

这次探访经历提醒我千万不要忽略伦敦街边的一座普通建筑，哪怕就是一座农贸市场，也许它背后就隐藏着悠久的历史、沧桑的故事和一座城市发展的理念。其实，这样的行走只是我无数次探寻英国行走中的一次，透过建筑我看到的是上千年的历史片段，而且它们都和当下有着千丝万缕的联系，并没有因为时间的久远而干瘪枯萎。

历史并不是教科书上空洞的说教，其实它就在我们身边，在我们脚下，之所以在这里能体会到浓浓的历史氛围，源于人们很好地保护了自己的历史遗迹，建筑就像 DNA 一样传承着远古的信息，让人不经意间就能置身其中，呼吸到历史的气息。

借助步道了解英国历史、文化的同时，我也纠结于中国的城市，那些若干年前被评为"历史文化名城"的地方，如今多半只剩下一个面孔呆板、千篇一律的模样，高架桥、地下隧道犹如蜘蛛网般天上地下地缠绕于森林般的摩天楼间。这些城市的历史和文化只存在于书本和传说之中，那些承载着过

史密斯菲尔德市场各个时期的影像

去的老房子、旧街道、窄胡同、古码头淹没和消失在了商业开发、旧城改造和所谓的城市化进程中。

人们不关注历史，在很大程度上是因为他们从来就没有机会接触先辈的信息，除了博物馆的标本和教科书中只言片语的描述，而那些与他们生活的世界似乎毫不相干。历史如果能存在于一条车水马龙、灯红酒绿的街道名称中，那真的已经算是很幸运了。

来自墓地的灵感
Inspiration from a Churchyard

那时的伦敦还是世界著名的雾都，邮电部门觉得使用红色更好，这样能把这个立式的盒子与周围环境区别开来，特别是在紧急情况下，红色因为鲜艳而容易被识别。

2008 年北京奥运会开幕前，英国代表团专门从本土空运了一只红色电话亭放置在奥运村里，此前四届奥运会也都是这样做的，为的是给英国选手们营造一个"家"的感觉，因为看见它就会让人联想到大不列颠。如果要找一个既能代表英国特色，又运送方便、安装容易的物件，那么恐怕非红色电话亭莫属了。

不知英国运动员们在北京奥运会奖牌排名第四的成绩与这个"盒子"有没有什么直接联系，但是提供电话亭的公司说"有不少胜利的好消息是通过这里传递回家的"。2012 年伦敦奥运会的比赛地点也会放置这种电话亭，没准中国运动员会在这里给家人拨打一个报喜的电话，在红色电话亭里打电话被赋予了行为艺术般的意义。

其实，英国最早的电话亭既不是红色，也不是现在的样子，而是经历了很多版本的演变。

英国公用电话的历史可以追溯到 19 世纪 80 年代，第一个电话亭则是到了 1920 年才出现在伦敦街头，编号为 K1，意思是 Kiosk No.1（公共电话亭 1 号）。这种"亭子"当时的造价是 35 英镑，一共生产了 50 个，材料用的

是预制板，主要特征是配有装饰性的金字塔形尖顶，上面写着"Telephone"（电话），门和窗是红色。我总觉得如果加两根杠子，这个电话亭马上就能变成中国传统的轿子。K1有三款改进型，分别是Mk234、235和236，此后不同版本的电话亭都以K字母起头命名了，俨然成了一个系列工业设计产品。

那时，通讯技术还不发达，长途电话的信号损失很严重，常常需要大声吼叫，对方才能听见，这在讲究礼仪的英国人看来是很粗鲁的，同时也不利于隐私"保密"，于是，不少人很乐意到户外的"盒子"里去"喊话"，这样就不会影响家人和邻居的休息。

1924年，英国邮政部门搞了一次全国设计竞赛，征集新电话亭的样式，最终建筑师加尔斯·吉尔伯特·斯科特（1880-1960）的方案胜出，这就是著名的K2。

斯科特出生于建筑师世家，祖父乔治·吉尔伯特·斯科特的代表作是伦敦海德公园旁金碧辉煌的阿尔伯特纪念碑和现在作为"欧洲之星"英国起点的"圣潘克勒斯国际车站"，后者是一座维多利亚风格的红色建筑，旁边

坐落的就是著名的"大英图书馆"。他的父亲则在伦敦和约克郡设计了不少风格各异的教堂。加尔斯的叔叔、兄弟和儿子等也是业界人士,在英国各地甚至国外都能看到"斯科特"家族的作品。

早在 1902 年,斯科特还是个 22 岁毫无经验的年轻人时,就已经在另外一次设计竞赛中崭露头角。当时,英国主要港口城市利物浦决定在圣詹姆斯山上修建一座基督教大教堂,于是举办"为了 20 世纪大教堂而设计"的比赛,吸引了一百多名参赛者,其中不乏知名设计师。

家住伦敦南区巴特西的斯科特利用业余时间画出了一个以双塔造型为特征的设计图,出人意料,也让他自己感到意外的是,这个方案居然在几轮评选后胜出!不过因为受到一战和二战,以及其他因素的影响,大教堂的建设进度缓慢,斯科特到去世也没能看到它最终完工。

作为建筑师,斯科特当然不只是设计了这一座建筑,在利物浦的一举成名,为他赢得了更多一展身手的机会。各地的宗教建筑、剑桥大学的图书馆、泰晤士河边的"巴特西热电厂"和"岸边热电厂"都是他的杰作,后者现在已经改为世界知名的泰特现代艺术馆，同样散发着浓浓的艺术气息。

和这些体量巨大的建筑相比，小小电话亭似乎"微不足道"，但是它的影响力和知名度甚至超过了其他作品，成为英国的象征之一，又被称为"街头艺术品"。作为一名设计师，斯科特给英国留下了这么多从大到小的"财富"，充分体现了自身的价值。

在斯科特的众多设计中，有一个明显特点，那就是高高耸立的塔楼，这其中蕴含着他的设计思想。1933 年，他就任英国皇家建筑师学会主席时发表就职演说，主张在设计中用一根"中心线"兼顾技术的进步和人居质量的提高。我们从斯科特留下的代表作品中就能看到这种理念的痕迹，比如两座规模宏大、相距不远的热电厂和剑桥大学图书馆，他用哥特式的外观隐藏了建筑背后的工业和其他用途，这似乎很符合英国设计的主流。

我们可以把伫立在英国大街小巷的电话亭看成是"中心线"的单独运用，这可是加尔斯的"强项"，他在电话亭造型上做的最大改变就是把 K1 原来的尖顶换成了圆顶，看起来很饱满，而这一设计的灵感居然来自于一座坟墓。墓地的主人叫约翰·索恩（1753-1837），是英国新古典主义建筑的代表人物，以清晰的线条、简单造型的叠加、明快的细节和细腻的均衡见长，英格兰银行是他的代表作，这座建筑对后来的商业建筑产生了广泛影响。

1815 年，索恩给妻子在伦敦市中心、欧洲之星起点站附近的圣潘克勒斯教堂墓地设计好了坟墓，这块修建于 1816 年的墓地至今还完整地矗立在一片树林中，供人们瞻仰，后来作为家族墓地，索恩和儿子也葬于此。据说这是伦敦两座被列入一级名录的墓地之一，另外一座的主人是卡尔·马克思。现在，教堂用铁栅栏圈起一个直径约 40 米的园，位于中间的 T 字型墓地显得格外醒目和孤寂，墓碑被雕刻的石栏杆包围，上面则叠加了两层大小不等的碑亭，最外面的便是电话亭的原型。

斯科特出生于 1880 年，当时索恩已经去世 43 年。年轻的设计师就是从前辈给自己设计的最后一座"建筑"里汲取了营养，把坟墓的主题造型移植到了电话亭的设计中，我们也可以认为他是用这种方式来表达对前辈的敬意。

电话亭造型借鉴传统，当然也要融入其他元素，斯科特巧妙地利用镂空的皇冠徽记解决了狭窄空间的通风问题，门窗上的小格子设计考虑的是如果有磨损，容易更换玻璃。在材质使用上，他原打算使用轻型钢结构，但是邮政部门可能从稳定性和牢固性角度考虑，坚持更换为铸铁。

在斯科特的最初设计中，K2并不是红色，也许是受到了墓地肃穆气氛的影响，外部是银色，内部是灰绿色。只是那时的伦敦还是世界著名的雾都，邮政部门觉得使用红色更好，这样能把这个立式的盒子与周围环境区别开来，特别是在紧急情况下，红色因为鲜艳而容易被识别。就这样一个来自墓地的造型，加上喜庆的红色和各种小细节最终成就了伦敦标志性的电话亭。

1926年，K2出现在伦敦街头，它有2.82米高、1.07米宽，制造成本较K1高，达到50英镑，一开始生产了1500个，它被称作"杰作、经典的设计和一个建筑学的胜利，甚至影响了街头其他设施的设计"。

然而，因为成本和尺寸的问题，K2很难"走出"都市，服务于乡村地区。于是，按照特定的需求，加尔斯又设计了简化版的K3以降低造价，随后的6年里，12000个K3遍布英国乡村，方便了人们的通讯联系，但因为材料是易碎的预制板，现在已经很少留存了。

从1920年到1968年，前后有8个版本的电话亭在英国大街小巷"亮相"。最失败的是1927年推出的K4，它整合了两台售邮票机、一个邮筒和电话功能，体积是K2的两倍，显得有些臃肿，也很占地方，被戏称为"红色巨无霸"，"亭子"的长边写着"邮政"，短边标着"邮票"，门的上面则是"电话"。售邮票机噪声很大，会影响打电话时的通话效果，另外，因为没有防风雨功能，常常发生故障，最终K4只生产了50个。值得一提的是，这个款式是按照加尔斯的K2改造的，但设计师并没有参与，从中也可以看出他的创意从功能到审美的独一无二。

K5则是为了在展览会、交易会等场所临时提供服务设计的，基本沿用了之前的外形，为了便于运输和组装，主体材料没有使用之前的铸铁和预制板，而是多层胶合板，窗口和门上的玻璃也被替换了。

上　K6 的生产和吊装　下　圣潘克勒斯教堂的约翰·索恩家族墓地

　　1935 年，为了庆祝英王乔治五世登基 25 周年，英国邮政部门希望推出一款"纪念版电话亭"，鉴于之前成功和失败的经验，经过反复考虑，他们请回了"原设计者"加尔斯·吉尔伯特·斯科特，而此时，已经是著名设计师的加尔斯没有让大家失望。他在 K2 的基础上做了优化，比如，把 K2 顶部皇冠造型中为了通风透气而镂空的洞改为了 K6"电话"字样下面的一条缝隙；四面玻璃框条也由原来的平均划分变成中间宽，旁边窄，打破中规中矩的格局，也增加通透性；还有就是简化亭子顶部的造型，缩小体积，目的当然都是为了降低造价。

　　1936 年，K6 出现在伦敦街头，因为造型简洁、成本合理、占地不大、运输安装简便等特点受到好评，一共生产了六万多个，成为史上最成功的版本，此后在英国广泛使用，农村地区的电话亭也允许刷绿色、黄色、白色和灰色。

　　加尔斯·吉尔伯特·斯科特去世的头一年，也就是 1959 年，邮政部门从三位设计者的方案中选择了英国战后以现代设计著称的建筑师内维尔·康德的方案，既然是"现代设计"，材料就得体现出时代的特点，几个方案采用的都是铝合金和玻璃，它们所代表的"现代感"确实让人眼前一亮。

　　1962 年，K7 投入使用，出乎意料的是，不列颠岛潮湿、多雨的天气让它很快就"黯然失色"，并且锈迹斑斑。不过，英国邮政部门并没有放弃用新设计替代 K6 的想法，1968 年又推出了由布鲁斯·马丁设计的 K8，这一次布鲁斯沿用了 K6 的一些元素，采用整块玻璃的设计增加通透性，不给想在亭子里"干坏事"的人以可乘之机，当然最主要的是保留了红色。事实证明这种在传统基础上的改进比之前 K7 的"另起炉灶"更容易被人认可。

　　至此，K8 成了英国邮政部门组织下设计的最后一款电话亭，历经 90 年的发展、变迁，最终只有 K2 和 K6 得到公众最广泛认可，并一直沿用至今。

　　据一个"电话亭"网站的统计，目前存留下来的 K1 还有 5 个，K2 有 205 个，K3 有 3 个，K4 有 5 个，K5 和 K7 没有了，K6 有 1850 个，K8 有 12 个。无论它们各自在历史上发挥过多大作用，最成功的一款留存数量也不到 2000 个，足以让珍爱历史的英国人看重，并好好保护起来，红色电话亭甚至成了

备受青睐的收藏品种。现在人们除了在街上能看到一些电话亭外，如果还有兴趣进一步了解它的历史，可以到专门收藏和陈列老古董的露天博物馆去见证从 K1 到 K8 的变化。

上世纪 60 年代后，英国还出现了 KX100、KX200、KX300、KX410 等用金属、玻璃和合成材料制成的新型电话亭，通透明亮，但在文化、艺术价值上再没能超过之前的"红色盒子"了。

英国人一直在寻找红色电话亭的最佳外观，内部的功能和设置则变化不大。一般墙上都挂有当地的电话号码，电话机也随着技术发展不断更新。当然在闹市区的电话亭里也会粘贴着花花绿绿的"有色"服务小广告，为有特殊需求的人提供一个说秘密的地方，这也展示了花花世界的另一面。

但是，随着新通讯技术的普及，公用电话使用率越来越低，人们手中的移动电话成了"红盒子"的最大敌人，英国电讯公司也决定拆除一部分。这让许多怀旧的英国人感到难以接受，不少地方议会说，无论是否拆除公用电话，他们都希望在当地保留红色电话亭。面对这种呼声，英国电讯公司表示，如果地方政府支付一定费用，允许各地"出于美学或者（继承）传统等

左一　建筑师加尔斯·吉尔伯特·斯科特
左二　剑桥大学图书馆
左三　泰特现代艺术馆
右一　巴特斯热电厂
右二　圣詹姆斯山上的利物浦大教堂

原因"保留电话亭。若选择拆除电话而保留电话亭，地方政府须向公司支付250英镑；若选择连亭带电话一起保留，地方政府须支付500英镑。

英国广播公司有一档节目叫《消失的伦敦》，曾经做过一次街头采访，受访者无一例外地说喜欢红色电话亭，希望能保留它。2006年3月，英国设计博物馆和BBC组织的一个"英国自1900年以来最受欢迎的标志活动"中，这个红色的盒子被选为十佳之一。2006年11月，英国公布的一项互联网调查结果显示，伦敦地铁地图、红色电话亭和英国特有的天气等被网民列入英格兰主要文化标志名单，并被视为英国文化遗产的一部分。

一位英国主持人到中国拍摄专题片，特地采访了一家房地产公司的高档楼盘，其实里面的别墅也说不上到底是什么风格，反正看起来很贵就是，但英国人发现了沿小区街道摆放的红色电话亭，他打开一瞧，里面啥也没有，这哥们摆了个姿势开玩笑地说：也许我可以站在里面打移动电话。开发商似乎也清楚，房子是什么"风尚"并不重要，放个红色电话亭立马就有了英国味，房价自然也就上去了，由此可看出小小电话亭的巨大符号效应产生的经济价值。

作为英国的标志之一，红色电话亭经常出现在影视作品里。比如位于苏格兰班夫郡彭南镇的电话亭就因为作为电影《本地英雄》中的道具而出名。班夫郡沿海旅游合作组织负责人表示，这个享有盛誉的红色电话亭，不仅是世界上最出名的电话亭，也是彭南镇的标志。

他们长期组织一项名为"电话亭装人"的世界纪录挑战，现在的最好成绩是一个电话亭容纳 14 个人。如果你也有兴趣参加这项破世界纪录活动，不妨和班夫郡沿海旅游合作组织联系，到素有"英国最佳影片拍摄地"之称的地方和红色电话亭亲密接触。你可以把红色电话亭看成是一种文化，而不仅仅是通讯工具，从它身上能读出城市变迁、历史沿革、技术发展、审美情趣、传播趣事，以及市民素质等等丰富的信息。

在中国各地的城市街头游走，我们会看到各式各样的电话亭，可能已经记不清这是第几次更新，也记不住之前曾经有过多少不同的设计和造型，虽然他们都很时髦、新潮和现代，但是恰恰没有自己的风格和传统。这些本来给人们提供方便的电话亭常常被推倒在地，玻璃被砸碎，里里外外被污损，贴满小广告，甚至散发着尿腥味，电话线被割断，有机玻璃的保护罩被盗走，电话磁卡插口被各种东西堵塞等，而随着移动通讯的发展和普及，没有审美和符号功能，又失去了实用价值的电话亭的命运就可想而知了。

世界各地的电话亭有无数造型，但是没有一个像伦敦的红色电话亭那样可以成为一个国家的标识。从它 90 年的发展演变历程中可以看出，英国人根据自己的实际情况，一直在实用性、美观和传统间寻找最佳的结合点，尊重使用者的选择，并没有一味地追求变化和时髦，所以才有了历经风雨而终成经典的红色 K2 和 K6。

上 K2 和 K6 顶部造型的细节比较
下 随处可见的街头电话亭

巴士"路王"
Icon in Motion

> 伦敦的巴士的演变就是一部汽车技术发展史，一部不断服务大众、以人为本的历史。安全、舒适、便捷的公共交通工具既方便了市民，也缓解了交通压力和机动车尾气污染，让车里车外的人都拥有一个良好的环境。

2010 年 5 月 17 日，一辆伦敦人似曾相识，但是又从未见过的红色巴士车停靠在著名的圣保罗大教堂前，伦敦市长鲍里斯·约翰逊向媒体宣布，此前推出的"伦敦新巴士"设计竞赛正式揭晓，大家看到的就是新一代伦敦巴士的样车，它将在伦敦 2012 年奥运会前正式投入使用。

新巴士使用混合动力，比老式公车提高 15% 的燃油效率，同时，增加 40% 的载客率，而且在路上行驶更加安静。车身前方后圆，两条交错的大车窗贯穿前后，打破了巨大车体的笨重感，不对称的设计显得很时尚。整体采用大面积的玻璃和轻型材质，为乘客营造了一个通透的舒适空间。

鲍里斯说："这个我们运营系统中的新成员不仅漂亮，而且在富于动感的外观下面还有着一颗'绿色的心脏'，尾气排放更少。伦敦人会为这样一辆拥有先锋设计和因为开放空间带来自由感的巴士而感到自豪。"人们已经很难说清楚这是伦敦双层公车第几次改头换面了，但是它的每一次变化都带给这座城市的人们更多的新奇和便捷。

据考证，最早的双层巴士车 1662 年 3 月诞生于法国，在很多人眼里，当

上 艺术家笔下马车和敞篷双层巴士共存的场面　中 早期马拉的双层巴士
下左 敞篷的双层巴士　　下右 形成规模的双层巴士运营
（图片来源：伦敦交通博物馆）

上 B 型双层巴士　　中 K 型双层巴士　　下 NS 型双层巴士
（图片来源：伦敦交通博物馆）

时的法兰西总是一个能冒出新东西的地方。这种 8 个座位的车子只运送贵族和有钱人，但是有钱人越来越多，想尝尝新鲜的人也不在少数，法国人没有借机扩大"生意"，反而终止了这项运营业务。"创意"沉睡了 150 多年，一直到 1826 年前后才又被一名法国退役军官斯坦尼斯拉斯·鲍得里重新想起。

鲍得里在法国西部的南特城郊经营着一家蒸汽浴室，为了招揽生意，他用马车接送想去洗澡，但是又住得远的客人。这个项目也很快吸引了那些不想去洗澡的人们，因为大家发现，穿城而过的车子方便而且便宜。鲍得里歪打正着地找到了一条新的生财之道，于是他放弃浴室生意，开始运营两辆 16 座的马车，这就是最早的公共交通。

马车服务的一个终点站靠近一家拉丁语名为"Omnes omnibus"的女士帽子店，Omnes 是老板奥姆尼斯先生的姓，意思是"所有的"，Omnibus 则是拉丁语"为了大众"的意思，组合起来是双关语，中文可以套用成"为人民服务"。现在已经没法考证当时鲍得里是借用这个名称作为自己新企业的宣传语，还是为了简化，只说后面一个单词，总之南特当地人开始把这种公共交通工具称为 Omnibus，这也就是我们熟知的"巴士"（Bus）的来源。

两年的时间，鲍得里把业务拓展到了红酒之乡波尔多和法国首都巴黎，并在那里建立起了一个运营线路。但是他的成功引来了众多效仿者和竞争者，没多久就濒临倒闭，1830 年，这位公共交通的创始人跳入了塞纳河。

而双层巴士又是何时出现在伦敦大街上的，有很多不同的说法和版本，现在已经很难准确考证了，但是人们相对比较认可的是作为商业用途的双层巴士可以追溯到 1829 年前后。工业化带来了繁荣，也改变了传统的生活和工作方式，人们不再只局限于家门口的作坊，而是要到比较远的地方去上班。贵族和有钱人因为可以骑马或者坐自家的马车，所以即便是住在郊区，也没什么问题。而普通人要往返于城市里的工厂和郊区的家就很麻烦，廉价的公共交通刚好迎合了他们的需求。

乔治·希尔比尔是最早把法国公车概念带过英吉利海峡的人，他曾为皇家海军服役，然后在伦敦学做马车。1825 年，28 岁的手艺人乔治来到巴黎

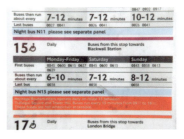

上右 保留下来的 15 路公交站牌，用红色提醒乘客属于文化遗产，9∶30 至 18∶00 运行

上左 新巴士设计方案活动标志

下 "路王"的前后和内部

创业，他的企业专门为法国北部一家马车公司生产车辆。没多久，巴黎"为人民服务"的"马巴士"便进入了激烈竞争的时期，他也接到了生产加长车厢的订单。路上熙熙攘攘的马车激发了乔治的灵感，"为什么不在伦敦做这项生意？"

于是，他卖掉了车厢生产企业，回到英国，与约翰·卡维尔合伙在伦敦附近的布鲁姆斯伯里办了家公司，并最早在伦敦西部的帕丁顿和市中心之间做起他的"马巴士"生意。3匹马是巴士的动力，能拉18名乘客，外观比传统马车花哨，内部也宽敞，最主要的是车体上有个敞开的平台，门和楼梯都在后部。1829年7月4日，"马巴士"正式上路运营，配备身着制服的驾车人和售票员各一名，他们都是乔治以前海军战友的儿子。当时，全程的票价车厢里面是1先令6便士，顶上则去掉了零头。不难看出，从一开始，它就具备了伦敦公车的主要特征，到1831年时已经有53辆运营了。

其后一些游乐场也仿造了这种上层敞开的车子，设置座位，像当年法国人鲍得里一样招揽生意。为鼓励大家乘坐，上面的票价只是下层车厢里的一半。然而，因为马拉的车子毕竟不够大，没形成什么气候，一直到1852年这种局面才有所改变，约翰·格林伍德造了一种更大的车子，能载42名乘客，马匹也相应增加，上第二层则需要搭一架梯子，像中国过去长途班车的顶上货架一样，从后面爬上去，不是很方便。

双层巴士真正成为城市主要交通工具是因为在车体上增加了一个楼梯间，上下方便，而不用去爬陡峭的梯子，这个改进对双层巴士的推广至关重要。同时，二层一排排"花园椅"代替长条板凳也增加了乘车的情趣。

这种设计特别吸引了不少时尚女性的青睐，风和日丽的夏季，身着漂亮的裙子，头戴蕾丝帽，打着小阳伞，坐在双层马车上招摇过市很吸引眼球，成为当时的一种时尚。今天，敞篷巴士还在伦敦和很多英国城市的大街上发挥着其他用途，给旅游者们提供一个流动的观景平台，只不过上面的乘客从想吸引路人的眼球，变成了观赏车下的人和风景。

1855年，伦敦通用公共马车公司成立，逐渐形成了有规模的公共马车运营。渐渐地，马车动力的双层车因为便宜，加入了有轨电车和火车的激烈竞争，到 17 世纪末期已经初具规模了。1862 年使用发动机的双层巴士车出现，马车的生意在新技术面前逐渐衰败，1911 年 10 月 25 日，最后的"马巴士"在城市里消失，不过这项服务在英国乡村一直持续到 1932 年。

有意思的是 1909 年，一个叫托马斯·克拉克逊的人成立了国家蒸汽汽车公司，用蒸汽巴士开始和通用马车公司抢生意。所以在一段时间里，伦敦街头可以同时看到四种不同动力的巴士，马拉的、发动机的、电的和蒸汽的，以及多家公司竞争的场面。

此后的车子二层也有了车厢，可以遮风挡雨，座位变得更加舒适，有的车型后面圆弧形的楼梯很有特点。巴士开辟了新线路，比走固定轨道的电车机动灵活很多。除了历史照片以外，那一时期的绘画中也逐渐出现了这些车子的身影。

巴士车型在使用中不断地优化和更新，历史上曾经有过 B 型、K 型、S 型、NS 型、STL 型等不同造型，直到一种名为"Routemaster"的双层车出现。在伦敦双层巴士历史上，最著名的、使用时间最长的就要算这种车型了，现在当"路霸"、"路虎"、"路豹"、"路威"满地狂奔的时候，50 多年前的英国人已经把服务大众的公交车命名为"路王"了。

"路王"的研发从 1947 年开始，经历了 10 年的时间，较之前的公车，做了很多革命性的设计，比如使用了轻型的铝材和二次世界大战中发展出来的制造轰炸机的军事技术。"路王"随后取代电车成为伦敦街头真正的"路王"。这种车从 1954 年到 1968 年间，一共生产了 2876 辆，现在保存下来的还有 1000 辆左右。

"路王"1956 年 2 月 8 日正式开始为伦敦市民提供服务，因为引擎前置，所以它的前脸一半是卡车的模样，另一半则与车头平齐，一眼看去，就像是车头被抠去一块，少了半边脸颊，而另一边的驾驶室里端坐的是司机。

车尾左侧是开放的，供乘客上下车，就是在老电影里看见的那种，男主角扒在车后的栏杆上，随时跳上跳下，看起来很潇洒。实际体验一下，确实很方便。为了拍摄车厢内部的图片，我曾经数次搭载"路王"，那种随意上下的感觉比坐在车里更好。

有人可能会说，好端端一辆车子，这儿缺一块，那儿开个口，多难看啊！我倒是觉得，这正是"路王"的可爱之处，因为有变化的设计让车子生动了起来。正面造型很有卡通的喜剧效果，充满了灵性，这也许就是"路王"讨人喜欢的原因之一吧。

"路王"一跑就是50年，并成为了伦敦流动的红色标志驶出了不列颠岛，到过很多地方。北京奥运会和残奥会闭幕式上，英国人在两个八分钟的表演中都采用了同一个道具 —— 伦敦的红色双层巴士，看见这辆充当表演舞台和背景的交通工具就像看见了伦敦，选择它代表2012年奥运会主办城市亮相在全世界面前亮相是再合适不过了。经过改装的敞篷双层巴士也一直是狂欢时不能缺少的道具，英国足球俱乐部队赢了重大比赛，游泳运动员奥运夺金凯旋等，都是乘着红色巴士上街欢庆的。

在世界各地都有双层巴士，人们从中或多或少都能看到"路王"的影子，并由此联想起伦敦。伦敦的巴士经过一个半世纪的发展演变已经广为人知，现在，每天有超过6800辆的公车穿梭在700多条不同的线路上为伦敦市民服务。很多到英国旅游的游客都会选择一辆小车模作为自己伦敦之行的纪念，或者乘坐敞篷双层巴士兜风。难怪有人曾经说，如果没有红色巴士和电话亭，没有了拿着长把伞的绅士，他会怀疑是不是搭错了飞机，降落在了其他的城市。伦敦前市长肯·利文斯通也曾经说过：只有失去人性的傻瓜才会取消"路王"。

然而，随着时代的发展，这个城市道路上的霸主开始有点力不从心了。由于款式过旧，维修费用不断增加，至少需要司机和售票员两个人，人力成本高不说，开放式的后门设计和楼上楼下人员的流动给售票增加了难度，也给一些人逃票提供了方便。更大的缺陷是，这种车的底盘距离地面较高，老人和残疾人上下很不方便，车内也没有足够的空间停放轮椅和小推车。

2004年，围绕是否要取代还是保留"路王"的问题，支持者和反对者经过了多次争论之后，在他的第二个任期内，伦敦前市长利文斯通宣布为了维护残疾人的权益，让使用轮椅的乘客能够更好地享受到公共交通的服务，从 2005 年 12 月 9 日起正式停运"路王"。

正式停运那天是周五，一早伦敦起了雾，很多市民专程上街去乘坐这个有着 50 年历史的交通工具，在他们眼里，"路王"已经成为了生活中的一部分。最后一趟常规行驶的是 159 路编号为 RM2217 的巴士，司机温斯顿·布利斯科是 1962 年移民来的牙买加人，开了 36 年巴士车。售票员劳埃德·利科瑞施则来自另外一个拉丁美洲国家巴巴多斯，他比司机晚到英国三年。英国人很详细地记录下了这一历史时刻的诸多细节。告别的日子总是有点悲壮，这些即将退役的公车在前后的指示牌上写着"The end"（结束）和"Farewell"（永别）的字样缓缓行驶在伦敦街头。

作为"补偿"，政府保留了两条穿行于伦敦市核心区域的短途"路王"线路，它们分别是 9 路和 15 路，起点都在市中心的特拉法加广场，全程都是 5 公里，由不同的公司运营，站牌上用红字特别标注出这些线路的与众不同。

15 路公车线路最早运行是在 1908 年 11 月，距今已经有 100 多年历史了，目前保留下来的"路王"只在中间的三分之一路段载客，经过的地方都是伦敦老城区最有代表性的经典，沿途可以看到伦敦塔、塔山纪念碑、圣保罗大教堂、伦敦证券交易所、特拉法加广场等著名景点，更像是一趟自助观光专车。

因为沿途建筑很多年没有大的变化，每次乘坐在同样历史悠久的车厢里凝望窗外，总有一种时光倒流的感觉。而对于路上的行人，这辆"老爷车"也是一道流动的景观，岁月似乎在它这里凝固。

现在在伦敦大街小巷穿梭的是一种大容量的新巴士，新车采用低底盘设计，引擎后置，降低重心，增加了乘坐的平稳性和舒适性；作为改变的最重要的部分，车身设置前门和双扇对开的中门，车体到站后会自动向站台倾斜，方便乘客，特别是残疾人无障碍通过；车体中部留有宽敞的空间，供残疾人的轮椅和婴幼儿推车停放，车头附近设有供放置行李、包裹的台子。

独立分隔的驾驶座，虽然有些影响一层乘客的视线，但是提高了驾驶员

停靠在伦敦圣保罗大教堂前的样车

参加新巴士设计竞赛的方案，大家都尽量保留传统特征

的安全系数；乘坐巴士鼓励刷卡消费，这样比用现金便宜一半，还可以提高运营的效率；车箱内设置有屏幕，但播放的是全车四五个不同位置监视器的画面，无论你在车的什么部位，都能被拍到，而且还能看见车前方和后方的图像，时刻提醒着乘客注意自己的行为举止。

伦敦多次的刑事犯罪暴力事件和恐怖袭击都是借助录下来的画面侦破的；车子到站前，乘客可以按分布在不同位置的红色提示钮，司机就知道有人要下车了，如果没人提示，车就一直开下去。

过去，伦敦巴士最大的缺点就是不报站，这让初来乍到的人很是不方便，总是处于紧张的状态，生怕下错了站。不过如果你嘴勤快点，问问周围的乘客，或者干脆请司机到站提示一下也不会错过目的地。现在有了改进，车上安装电子屏幕，配合语音报站，及时提醒终点站方向和下一站的站名，这样就好多了。

总体而言，乘车时，还是互相礼让，有个先来后到，但是伦敦现在已经很少看见人们在站台上排队了。这也是一些英国人不喜欢伦敦的地方，一个国际化的大都市，人们来自五湖四海，难免冲淡了原有的好传统，不像牛津、剑桥等地，仍然自觉排队乘车。我甚至在伦敦住处附近的公车站上看见一群印巴少年和当地的白人女青年为了挤上巴士发生口角，最后大打出手，一旁的英国老太太气得边摇头边说：这还是伦敦吗？

虽然新巴士比"路王"先进不少，但伦敦人还是一直牵挂着那个"缺腮少屁股的"老古董，毕竟它在这座城市的大街小巷晃悠了50年。2008年8月，当时新上任的伦敦市长鲍里斯·约翰逊推出了一项名为"伦敦新巴士"的设计竞赛，鼓励市民为伦敦的新交通工具出谋划策，一等奖获得者将得到25000英镑奖金。组织方提出新车设计要满足伦敦公共交通的需求，具有亲和力、安全和减少排放，经久耐用、燃油效率更高，车厢中通风透气更好，乘客上下容易。

此方案一出，在支持声中，也夹杂着批评，有人质疑这是新市长的"面子工程"，研发费用达1000万英镑。不过鲍里斯坚持认为新车的设计是一次创新，能为城市公车设定新的标准，甚至对世界各地的巴士都会产生积极影响。

伦敦巴士的演变就是一部汽车技术发展史，一部不断服务大众、以人为本的历史，安全、舒适、便捷的公共交通工具既方便了市民，也缓解了交通压力和机动车尾气污染，让车里车外的人都拥有一个良好的环境。对于很注重传统和历史的英国人来说，新版本的"路王"将是一辆什么样的车呢？它会带给人们什么样的惊喜呢？

有一点可以肯定，它一定还是红色的。所以当2008年伦敦运输部门公布征集新的巴士设计方案时，吸引了众多设计师的目光，组织者收到了700多份达到参赛要求的方案，其中不乏世界知名的设计公司，他们把这些方案分为"设计"和"概念"两类。有意思的是，无论哪一类方案，绝大多数设计都采用红色为基调，保留"前脸"一侧凹进去和车尾开放式的特点，看来这三个要素似乎成为了伦敦巴士不可或缺的部分。

最终的获胜方案也体现了这些标志性特点,前部用大块玻璃"暗示"那块凹陷,后面则恢复了50年经典"路王"的设计理念,让乘客可以"跳上跳下",三个门和两部楼梯也增加了上下车的速度和流畅性。

因为保留了开放式的车尾设计,巴士在运行中可能需要增加人手,比如为了安全,协助人们"跳上跳下",同时监督乘客刷卡。也就是说除了司机,还会有一个类似以前售票员的人员出现在车上。当然如果只有驾驶员一个人,那后门在行驶中是关上的,到站通过驾驶台自动控制开合。

"我期待着几百辆漂亮的新车驶上伦敦的大街小巷,以此吸引世界各个城市羡慕的目光,成为伦敦21世纪新的标志之一。"伦敦运输部门负责人彼得·亨迪在样车亮相仪式上说。"为伦敦设计和生产一辆新巴士是一个令人兴奋的项目,能参与其中,我们深感荣幸。"汽车制造商马克·诺德也给予很高的评价:这个项目不是改进,而是革命,新设计是一次很彻底的突破,会给行走在伦敦的路人眼前一亮的感觉。

2010年11月11日,新"路王"样车再次在伦敦交通博物馆展出,鲍里斯在车的各个部位摆姿势,很开心地让记者们拍照。这款车型的编号是NB4L,但最终叫什么一直没有明确的说法,人们暂且用"新路王"称呼它,鲍里斯很看好它的前景,并通过这样的方式告诉大家,伦敦人将要乘上新巴士了。

如果没有英国或者伦敦生活经验的中国读者对这辆巴士车的来龙去脉略显陌生的话,那么有一样东西您一定会比较熟悉,那就是2010年上海世博会里的英国馆"蒲公英",这个以种子为理念设计的"大绒球"是世博园里人气最旺的场馆之一,传递着人与自然和谐相处的美好愿望,它的设计者就是"新路王"方案竞赛的获胜者之一托马斯·希瑟瑞克。他引起全球关注的最新作品就是2012年伦敦奥运会上的"铜花瓣主火炬塔"。

温情罂粟花
Red Poppy

如果你们背弃我们失去生命所追求的信念
纵然罂粟花盛开
我们也不会安息在这
弗兰德斯的战场上

2010 年 11 月 9 日，英国首相戴维·卡梅伦乘坐专机抵达北京，开始对中国进行正式访问，这是卡梅伦自 2010 年 5 月出任英国首相以来首次访华。代表团成员包括英国财政、能源、教育和商业 4 位内阁大臣和约 50 位英国工商界顶尖人士，被称为英国历任首相访华阵容最豪华、规模最大的团队。

在这次外事活动中，有细心人发现，卡梅伦从飞机降落亮相的那一刻开始，胸前就一直佩戴着一朵红色的罂粟花，他的随行人员也无一例外地别着同样"装饰"。小花由两片花瓣和一片绿叶构成，中间的黑色花蕊上写着"POPPY APPEAL"字样。

提起罂粟，可能很多人脑海中立刻浮现的是白粉、海洛因、金三角、艾滋病和吸毒者的形象，英国代表团的小装饰当然与此无关，也不是为了美观，或者针对出访中国专门设计，而是因为英国每年一度的特殊纪念日即将来临，这还要从第一次世界大战说起。

一战期间，英军与德军在比利时伊普尔的田野中展开过一场激烈战斗，很多士兵倒在火红的罂粟花丛中，战士的鲜血和红色的花丛交融在一起，甚为悲壮。

还有一种说法发生在比利时的弗兰德斯，这是法国北部和比利时西南部的一个重要军事地区，防线沿英吉利海峡一带，一直抵达瑞士边境，十分关键。为了抵抗德军，弗兰德斯曾经发生过数次大规模、惨烈的战斗，对当地造成巨大破坏。地面上的建筑物、道路、树木和植被都消失了，昔日的家园和农场变成一片沼泽和泥潭，同时也埋葬着那些在这片土地上曾经鲜活的生命，但有一种植物却幸运地存活下来，它就是罂粟花。

罂粟花是一年生或二年生草木，又被称为英雄花和虞美人，成片开放时，漫山遍野，颇为壮观，被誉为世界上"最美丽的花"之一。这种植物有个特点，就是对生长环境不挑剔，不需要施肥、浇灌和管理，而且它的根是在土上，种子可以在地面"躺"很多年不发芽，而一旦地表遭到破坏，反而能够"茁壮"成长，弗兰德斯战时的残酷环境就这样成为罂粟花理想的生长之地。

1915 年，加拿大医生约翰·麦克雷随部队来到弗兰德斯，他目睹自己的朋友、22 岁的亚力克西斯·赫尔默中尉在战斗中牺牲。埋葬战友后，受条件限制，他们只能用木棍捆成一个个十字架插在墓地上以示纪念。而此时，墓地周围已经开满了野生的罂粟花，红艳艳的一大片。

约翰·麦克雷为无法帮助自己的朋友和那些倒下的战士而感到无奈和内疚，望着成片罂粟花，第二天，他从自己的笔记本上撕下一张纸，用法国十五行体诗歌的句式写下了《在弗兰德斯战场上》。

在弗兰德斯战场上，罂粟花随风摇荡
一行行十字架间，它昭示这里是我们安息的地方
百灵鸟在空中勇敢地歌唱和翱翔
下面却听不见枪声作响

不久前，我们战死沙场
我们曾经活着，感受过日出的灿烂和夕阳的霞光

我们曾经爱过和被爱，现在我们长眠在弗兰德斯的战场上。

我们要继续与敌人作战
你从我们垂下的手中接过火炬
并把它高高举起
如果你们背弃我们失去生命所追求的信念
纵然罂粟花盛开
我们也不会安息在这
弗兰德斯的战场上

1915 年 12 月 8 日，伦敦的流行周刊《笨拙》刊登了这篇《在弗兰德斯战场上》的诗稿，美国教授、人道主义者莫娜·迈克尔受到启发，以"我们忠于信念"为题应和了约翰·麦克雷的诗歌，她写道："现在，火炬和罂粟花都红了，我们会佩戴它，以表达崇敬之情。"这句诗成为英美等国采用佩戴罂粟花的方式纪念战争死难者的开端，而红红的罂粟花让人联想起战士的鲜血，也成为了在战斗中献出生命的人们的象征。

1918 年 11 月 11 日德国投降，第一次世界大战以协约国的胜利告终。这场历时四年多的战争，波及全世界，7000 多万人走上战场，1000 万战士丧生，英国损失惨重，并自此逐渐失去经济霸主地位。1919 年 11 月 7 日，英王乔治五世提议纪念在战争中牺牲的士兵，1921 的 11 月 11 日，英国举行了首个"纪念日"活动。

这天，红色罂粟花作为纪念物第一次出现，当时街头销售的花每支 3 便士[1]，令人意想不到的是生意火爆，900 万支供不应求，就连在白金汉宫的皇室成员也只买到两支，据说克里斯蒂拍卖行一篮子罂粟花拍出了 500 英镑的高价。这些来自法国的新鲜罂粟花共卖了 10.6 万英镑，相当于现在的 3000 万英镑。

同年，一个旨在为一战退伍军人，特别是伤残军人和他们家庭提供帮助、关照的慈善机构——"英国退伍军人协会"成立[2]。1922年,年轻军官乔治·豪森建议在伦敦西郊瑞驰蒙德军队康复营地附近成立一间工厂,即为一战伤残的退伍军人提供工作机会,同时也为1922年的战争纪念日制作罂粟花。

因为设计简单,容易操作,成本不高,人工罂粟花比鲜花便宜很多,订货量增加了三倍,1922年销售罂粟花的收入是20.4万英镑。此后按照《慈善法》规定,罂粟花不能用于销售牟利,而是作为慈善机构募捐的载体,从此,纪念日期间佩戴罂粟花逐渐成为传统延续下来。现在,位于瑞驰蒙德的福利企业"罂粟花工厂"每年生产3000万朵用于佩戴的罂粟花,50万个其他类型的罂粟花纪念品,500万片花瓣,10万只花环,75万个小十字架,70%的工人都身带残疾,或者是慢性病患者。

为了方便全国性纪念,英国后来规定在每年11月的第二个周日上午11点举行纪念活动,将这一天称作"纪念星期日"。在伦敦市中心连接大本钟和特拉法加广场的一条名为"白厅"的主干道上,路的中段有两座纪念碑。届时,皇家成员、政府官员、军官、英联邦国家的使节和老兵齐聚此,依次向纪念碑敬献用红色罂粟花扎制的花环,并默哀两分钟。自1946年起,英国广播公司每年都要对纪念仪式进行现场直播,这也是世界电视历史上连续直播的"之最"。

最近几年,除了官方庄严肃穆的仪式以外,纪念日已经成为英国全民参与的活动,公众用不同方式表达对为国家做出贡献,甚至牺牲生命的人们的敬意,社会名流走上街头,利用自己的知名度为慈善事业募捐,电视台主持人们佩戴红花出镜,英国首相也会参加一些主题时尚活动和派对,以吸引年轻人的参与,让这一传统延续和传承下去。

"皇家英国退伍军人协会"等慈善组织的公益活动,则从一开始的概念化、口号式单一宣传,逐渐转变为人性化、具象化的推广,他们还设计了一个卡通"罂粟人",作为流动的标识出现在大街小巷,让更多人了解这项活动的意义。其中一组"罂粟人"的海报创意独特,通过一个用罂粟花扎制的虚拟人物,请公众记住有90万退伍军人身带残疾,4万个家庭需要帮助,

100 多万老兵面临贫困威胁，其中 18 万无人关照，用数字和形象画面传递关爱老兵的主题任重道远。

"皇家英国退伍军人协会"现有 35 万会员，30 万志愿者，2010 年获得资金 1.15 亿英镑，其中 3500 万是募捐得来的，其余则是通过遗赠、资助、赞助和活动筹集。慈善活动收到 900 多万个求助电话，对 50 万经济困难、健康状况不好或者长期受到疾病困扰、缺乏照顾的老兵进行资助，2010 年这项工作支出 1.14 亿英镑。

2011 年是"皇家英国退伍军人协会"成立 90 周年，主题"肩并肩"呼吁公众"为了他们，请佩戴罂粟花"，也就是为老兵募捐。慈善机构还邀请来自英国不同地区的明星"量身定制"公益海报，英格兰著名女演员海伦·米伦的口号为"我们的军队是真正的明星"，苏格兰网球选手安迪·穆雷说的是"请记住那些没能归来的人们"，威尔士女歌唱家凯瑟琳·詹金斯表示"默默无闻的英雄们理应得到喝彩"，苏格兰电视主持人罗琳·凯莉认为"我们应该谈谈军队的勇气和无畏"。

6 月 10 日至 12 日，"皇家英国退伍军人协会"发起全国性"罂粟花派对周末"活动，通过公众在社区自发组织烧烤、卡拉 OK 演唱会、化妆舞会、乡村舞会、游戏之夜等各种形式的活动募集资金，招贴海报上是一名红衣女孩凌空跃起，青春洋溢。对战争和逝者的纪念，对老兵的关照演变成节日，特别是孩子们在参与公益活动中潜移默化地了解历史，谁能说这些温馨的公益宣传和快乐派对不是很好的爱国主义教育呢？而当一项慈善活动连续不断地开展了 90 年，它本身也已经有资格被载入史册。

初到伦敦时，就在距离住处不远处看见一块镌刻着"我们会记住他们"字样的石碑，前面放着花环，地上密密麻麻插满了用小木片做的十字架和塑料罂粟花，夕阳下的这一幕，给我留下很深印象。我曾经在英格兰东部一座很普通的小镇做客，主人家门前的候车亭吸引了我的视线，里面刻有铭文的铜牌已经锈迹斑斑，稻草顶因为风吹日晒也变了颜色，当地人说这是为了纪念 1939 年至 1945 年间在二战中失去生命的乡亲们修建的，既是纪念性建筑，

"皇家英国退伍军人协会"的公益海报

英国人手工制作的各式罂粟花

又为候车的人遮风挡雨。我先后工作和学习过的大学里都能见到显眼处的大理石墙壁上镌刻着为国家献出生命的校友名单。

　　在英国的各座城市行走，路边、教堂绿地、街心花园和公园等公共场所，此类纪念战争牺牲者的种种方式随处可见，从大型雕塑到路边花坛里的一块小石碑前，不时能看到用罂粟花编制的红色花环，时刻提醒着人们战争带来的创伤和抗争，历史并不因为时间的流逝而被淡忘。英国人的历史情结不仅表现在对日不落帝国昔日辉煌的沉浸，对承载历史老建筑的呵护，对一段传奇的津津乐道，也体现在对为国家做出贡献人们的纪念和尊重上。

每每驻足查看那些和我毫无关系的战争牺牲者时，总会让我想起儿时学校组织郊游和小朋友们玩捉迷藏，撞见荒草丛中的"南洋机工抗战纪念碑"时的茫然和不解；去西南联大旧址寻找位于偏僻角落的"抗战以来从军学生题名碑"时所费的周折；更不用提近年来因为影视剧热播才逐渐走出历史阴影的"国殇墓园"和70年前发生的惨烈战争，这些本应赢得敬意，获得掌声的前辈，那段虽然悲壮，但足以激励后代不屈不挠的真实历史却不可思议地置身我们的视野之外。

2009年，我曾经参与过媒体同行发起的救助中国远征军老兵，寻找他们失散多年的亲人，并帮助他们回家乡省亲的活动，但除了以个人名义带去的问候和民间募集的有限资金，能做的很少，这似乎是各种民间慈善机构面对的共同问题。相比英国，我们也有各种各样的纪念日、活动和假期，各地也不乏纪念建筑，但却缺乏一种具有包容性、开放的形式让公众自发地缅怀所有为了国家牺牲的先烈，并对老兵进行有效救助，其实这背后反应的是一个民族尊重历史的态度，也许英国慈善机构的做法能给艰难探索中的中国志愿者们一些启发。

缺少关照和过问，如荒山上的树叶一样在异域和被遗忘的角落里悄无声息地自生自灭，望着风烛残年、客居他乡的老兵，我脑海里一直浮现的就是远在欧洲，弗兰德斯那漫山遍野的罂粟花，心中默念加拿大医生约翰·麦克雷的诗句：

如果你们背弃我们失去生命所追求的信念
纵然罂粟花盛开
我们也不会安息在这
弗兰德斯的战场上

---

1. 英国旧时的3便士银币。
2. 1971年5月29日，该组织成立50周年纪念时，获得特许，名称改为"皇家英国退伍军人协会"。

不列颠的遗产
British Heritage

当你成为这些文化机构的会员，只会担心没有足够的时间逐一走遍每个精彩景点，没有精力参加数不胜数、异彩纷呈的活动。在这些组织的网页介绍里，"历史、保护、促进、接触"是一定会出现的关键词。

在参观英国著名史前遗迹 —— 巨石阵时，经过工作人员介绍，我缴纳20多英镑会费，办了一张会员卡，成为了"英格兰遗产"组织的成员。这样，我就可以免费参观400多处英格兰的历史、文化遗迹，定期收到印刷精美、资料翔实的年度手册，每个季度该组织还会邮寄一本《今日遗产》杂志，以便随时告知会员英格兰各地遗产景点的最新信息和活动，这张卡片可以说是物超所值。

"英格兰遗产"组织成立于1983年，其标志是一个红色的、外围带有城墙垛图案的方框，宗旨是保护和推广历史遗迹，保护范围则从早期人类活动场所到当代著名建筑，比如史前的巨石阵和世界上第一座拱形铁桥。"我们希望后人能有机会享受英格兰的历史环境，要做到这一点，必须现在就开始维护和保护历史遗迹。"这是"英格兰遗产"组织手册上的一句话。这些建筑物被认为是过去历史的"实物证据"，他们聘请建筑学家、考古学家和历史学家一起参与这项工作，对古建筑进行登记，并拨出专款进行抢修，为的是让人们知道营造良好的历史环境和氛围对一个国家的重要性。

一张小小的卡片，带你走遍英国的历史文化遗迹

58

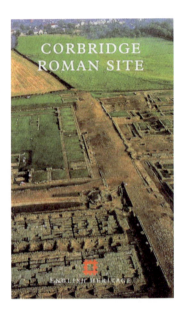

CORBRIDGE ROMAN SITE

安东尼长城
始建于公元142年

北海

哈德良长城
始建于公元122年

爱尔兰海

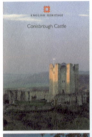

除了"英格兰遗产"之外，英国其他地方也有很多类似组织，比如苏格兰的"历史苏格兰"、威尔士的"威尔士历史遗迹"和北爱尔兰的"环境和遗产机构"，这些组织的标志也都体现着他们各自的主色调和标志性建筑，比如英格兰的红色和城墙垛、苏格兰的蓝色和教堂、威尔士的绿色和凯尔特十字架，还有北爱尔兰的海洋和城堡。

如果你对英国的历史、文化和自然遗产不是很熟悉，这些组织的标志能提供便捷的引导、良好的服务、完善的信息，最关键的是省去了各处门票，让你一次玩个够。成为会员后，看着收到的手册和指南，只会担心没有足够时间逐一走遍每个精彩景点，没有足够精力参加数不胜数、异彩纷呈的活动。仅"英格兰遗产"一个机构就有 400 多个景点向公众开放，每年接待 1100 万参观者，其中 44.5 万人可以免费参观，他们中大部分是青少年。

在这些组织的网页介绍里，"历史、保护、促进、接触"是一定会出现的关键词，虽说会员缴纳的会费估计不够维持基本的运营成本，但这却是他们"爱国主义"教育的一部分，是一个国家对自己文化、历史传承的担当。

参观这些景点时，我都会想起国内很多挂着"爱国主义教育基地"招牌的地方，老百姓要自己掏钱购票接受"教育"，各个景点相互攀比提高门票价格，形同虚设的听证会，争先恐后地把前人留下的人文和历史景点圈起来变成各自的摇钱树。

因为办了这张"英格兰遗产"会员卡，此后我在出行时就特别关注带有红色方框标志的路牌。在一次驾车前往苏格兰的途中，我们就在纽卡斯尔以西 26 公里被"红色方框"标志引导到了一处 2000 多年前罗马人留下的遗迹——科布里奇。

同行的朋友由于没有办卡，花了 4 英镑购买门票，我则直接持卡进入公园。买了参观手册，这是一本 40 页、印刷精美、图文并茂的指南，从科布里奇的地理位置到出土文物信息，内容翔实丰富。那天风和日丽，阳光充足，矩形的露天遗址被草地和农田环抱，我们一边在初春温暖的日光下徜徉，一边回顾着古罗马对不列颠的入侵历史。

左上 英国各地遗产组织的标志

左 科布里奇罗马据点介绍手册

右下 上面是英国的两道著名长城，下面为哈德良长城，建造的安东尼长城（图片来源：Wiki）

下右 各地的遗产手册，定价 1.99 镑，不以盈利为目的

提到英国历史，就不能不说说罗马人；在英国四处游走，就不可避免地会碰到罗马人留下的遗迹。

公元前 55 年 8 月的一个夜晚，当时统治罗马的三巨头之一尤里乌斯·恺撒发动了对不列颠的第一次入侵，他组织了 100 艘船只运输两个兵团一万人和"侦察部队"、骑兵和补给，这次攻击的主力从法国北部的布伦港出发，在不列颠的迪尔登陆。

登上浅滩的罗马人和布列吞人遭遇，经过小规模的战斗后，不列吞人落败，但是因为后援骑兵受到海潮的阻挡不得不退回了高卢，立足未稳的罗马人只好带着人质匆忙返回了大陆，这次不成功的入侵拉开了罗马人统治不列颠的序幕。

科布里奇作为古罗马人向苏格兰"挺进"的据点，也是一个交通站，同时还镇守着英格兰北部的泰尼河和两条罗马大道的交汇口。这里占地 27 英亩，有谷仓、浴室、市场、车间和庙堂，由于地处缓坡之上，站在入口处就能看见整个遗址的全貌。令人惊讶的是，经过考古发掘后，所有墙基都保存完好，清晰地勾勒出整个据点的布局和细节。顺着"大路"走过去，沿途分别是神庙、市场、作坊等，当然这些地方是需要通过想象和对照手册才能体会的。

这一时期在英国历史上称为"罗马不列颠"，整个不列颠岛成为罗马的一个行省。和后来英国很多城市毫无章法的布局相比，罗马人当年对据点进行过很好的规划和设计。走出服务中心，正对参观者的是一条东西走向、宽阔的"主干道"，大约有十米，用碎石铺设，一幅根据墙基位置复原的据点立体图让那些缺乏想象力的参观者对眼前遗址曾经的繁华一目了然。

路北是两幢房子构成的谷仓，根据考证为两层楼的建筑，规模很大，石板地面架空，下面是整齐划一、纵横交错的通道，这样的设计是为了储存粮食时能通风透气，上下循环，有自然空调的作用。另外用菱形石块支撑的窗户也对换气起到了很好作用，据手册上介绍，这种设计在英国现存的遗址中绝无仅有。

罗马人的建筑群中不能没有喷泉，在谷仓旁有一条水槽，临街的前端是一个蓄水池和喷水口，从复原图中可以看出，这座建筑既有装饰作用，又能为居民提供生活用水。除了少数特权者的以外，当时的房子都没有"自来水"，水槽只为公共喷水池和浴室供水，居民只能到蓄水池去取水。

各地城镇的基本格局相差无几，都有一个中心广场，较大的城镇规划为棋盘形，从一开始就具有一种与不列颠土著文化很不相同的风格，如广场周围布置着的教堂、会堂、公共浴池、娱乐场所，甚至还有圆形竞技场和角斗场等公共建筑。

那时的罗马人在一定程度上拥有宗教自由，在他们的定居点，无论居民是否是罗马公民，都可以从神庙中选择自己喜欢的一位神灵加以供奉，并且在各种各样的祭祀活动中，通过酒精与性爱的刺激获得快感。

展现在参观者眼前的遗址只是当年据点的十分之一，罗马人撤走后，很多建筑都被捣毁回归土地了。恢复发掘时，在墙基内部的空地上种了草，仿佛给房间铺了绿色地毯，哪里是大房间，哪里是小屋子，路两侧的建筑格局因为草坪的映衬一目了然。

由于年代久远和地基下沉，一部分遗址的地面呈现出很有意思的波浪形，下陷的墙基保留完好，经过清理约有半人高，穿行其间更有登堂入室的感觉。孩子们从"一间房"跳到"另一间房"，很是开心。很像我儿时做过的游戏：用一些砖头围一个方型的地盘，然后在里面玩起了"过家家"。

罗马人给不列颠带来了以城镇为中心的生活方式和文化习俗，随着他们的占领，不列颠人原有的茅草泥窟不久就消失了，取而代之的是按照罗马人的生活方式建设的城市，其文明程度是早期的英国人从没有见过的。

如果没有价格合理的会员卡和醒目的标志引导，我们不会绕道前往科布里奇遗址，自然也就没机会了解这些看似与己不相干的历史，而这恰恰是项目创办人希望公众知道的。当我正在罗马人的遗迹中吊古怀今，一名少女跑过来，腼腆地请求我帮他们一家拍照留影。她内穿灰色长袖 T 恤，外套高腰浅绿色夹克，身材丰满，面容清秀，白皙的皮肤配上一副大耳环和绿色项链，浑身洋溢着青春的活力，特别是一头红发，在阳光下熠熠生辉，让人过目不忘。

拍完照，小姑娘向我引荐了他的父亲和弟弟，一家人和我聊了起来。原来，他们就住在距离遗址不远的同名小镇科布里奇，看天气不错，出来走走。

"你们为什么不去长城看看？"小姑娘问。

"长城？"我有点莫名其妙，"什么长城？"

"哈德良长城呀！"小姑娘的弟弟接话，他似乎对我们不知道这个著名景点觉得有些不可思议。

"出了路口往左转，大约四公里的距离就是长城了，你们不会错过的，一定要去看看啊！"孩子们的父亲说。"不过，这个长城可没法和你们中国的长城相比，"他谦虚地补了一句，随后我们都笑了，看来中国长城的名气确实挺大。

真没想到，这个要塞是世界文化遗产——哈德良长城的一部分，而我们在全然不知的情况下居然距离它如此之近，同行的人没有丝毫犹豫和商量，向一家三口道过谢后，驾车向着西边飞驰而去。

我们正在行驶的路面不宽，几乎看不到车子，也曾经是当年罗马人走过的路，因为地势高低不平，上坡下坡，常常有乘坐过山车的感觉，受到不少驾驶爱好者的青睐，说话间，很快便来到了哈德良长城的脚下。

我们到达的这段哈德良长城既没有售票处，也没有管理人员，更见不到各种照相、租服装和兜售劣质旅游纪念品的小摊贩，只有一个干净的公厕和宽敞的停车场，还都是免费的。寻着路上的标志牌，经过一个小水塘和旁边的断崖，顺着山坡就登上了1800多年前的长城遗址。

哈德良长城应该算是英国最著名、也是规模最大的罗马人遗迹了。这道全长117公里的"墙"建于公元122年，有80个堡垒，两个堡垒之间的间隔是1481米，这也是罗马人度量中"一里"的距离。罗马人沿着墙修了16个大型要塞，每个要塞可以屯兵500名，按照这个规模计算，驻守这道防线的士兵人数在一万人左右。

站在英国的长城上

长城原来的高度在 4.5 ~ 6 米间，宽度有 2.5 ~ 3.5 米，多年的荒废之后，很多地段的城墙只有宽度，没有高度了。行走在上面就像看横截面，构筑石材从几十公斤到几百公斤不等，外围的材料裁切规则，码放整齐，衔接紧密，中间也是用同样的材料填充，是一道名副其实的石墙。

修建此类建筑的目的就是为了防守和控制，但是这座大墙竖起来后并没有经历太多战事，反而因为大量驻军带动了北英格兰的经济发展，要塞周围的居民点迅速扩大。商人们找到了发财的好路子，他们给部队提供给养，当然妓院和客栈也应运而生。

考古学家曾经在一个昔日的居民点遗址上发现了一对男女的遗骸，他们被藏在房间的地基下面，经检测是被用刀捅死的。专家分析这很可能是当时遍布要塞的赌博和饮酒场所中，寻欢作乐的人们因为滋事斗殴的牺牲品。后来，很多罗马驻军在长城附近定居下来，和当地人通婚，从占领者变成了平民。

此段遗址目前仅存 1 ~ 1.5 米高的基础，是方圆几里地的制高点，虽然不算险峻，但因为周围地势平缓，大有一览众山小的感觉。当时已是下午，开始偏西的太阳无遮无拦地照射着大地，由于能见度好，可以看到很远。

哈德良长城没有八达岭长城的熙熙攘攘和游人如织，我寻了一处朝阳的位置坐下，思绪如天马行空般腾空而起。放眼望去，只有面前暖暖夕阳中的风景如画，很难和当年罗马人防御北部原住民进攻的场景联系在一起。

英国，这个后来不可一世、把半个地球都纳入自己势力范围、有着"日不落帝国"称号的国家，其实从一开始就相继受到来自罗马人、日耳曼人、北欧海盗、丹麦人、诺曼人等的不断入侵，但就是在上千年的拉锯战中，大不列颠的国力逐渐强盛。这很像他们的语言，随着时代更迭，像滚雪球一般在各种语言的交汇、融合和混血过程中发展壮大起来，成为了世界第一大语种。

相对于人生命的短暂，这些石头、土地和自然要持久得多，相信当年的大多数时候，驻守这里的士兵也是像我一样在享受初春的阳光，那时农家的羊群也像我眼皮底下的这几只一样在悠闲地吃草。

只是时间如我耳边的风声呼啸而过，一晃就过去了 1886 年。

要塞两侧的风景

一座城市的三次奥运
One City, Three Olympics

英国人在战后特殊条件下，做了一次小成本办大事的尝试，为世界贡献了一届务实和成功的奥运会，实现了经济和社会效益双赢，这比多得几枚奖牌更有意义。一位1948年奥运会的参与者说："我们很快乐，享受巨大的成就感，这些是今天的运动员们无法想象的。"

2011年6月8日，伦敦奥运会火炬设计造型在欧洲之星起点站——圣潘克勒斯火车站亮相。锥形火炬材质为铝合金，重800克，长80厘米，截面呈三角形，内外两层，有8000个小孔，每个孔代表一名火炬传递者，网状的火炬看起来像只擦奶酪的厨具。孔洞有利于散热，还减轻重量，是历届奥运会火炬中最轻的。

三面锥体设计寓意丰富，体现奥林匹克的价值理念 ——尊重、卓越和友谊，奥林匹克的格言——更快、更高、更强，形象演绎伦敦奥运会的设想，把运动、教育和文化三个主题结合在一起，还有就是展现历史，伦敦分别于1908年、1948年和2012年主办奥运会，是目前唯一三次承办这一国际体育盛事的城市。

历史虽然值得骄傲，但在不同时期三次承办奥运会的经历却并不顺利，分别受到自然灾害、战争和经济危机的影响，然而，英国人还是以自己的方式为奥运发展做出了贡献，并且始终体现出他们务实的作风和对运动本质的理解。

临时奥运

1908 年第四届伦敦奥运会本该于 1906 年在罗马举行，但那年 4 月 7 日意大利的维苏威火山喷发，并引发地震，对南部第一大城市那不勒斯造成重创，本来用于筹备奥运会的资金只好转移去救灾，天灾引发的财政困难让罗马不得不放弃主办权，奥组委只好另寻比赛地点，备选城市有柏林、米兰和伦敦。

20 世纪初，英国刚刚经历国力最强盛的维多利亚时代，政治、经济、文化和社会都发生了很大变化，是当时世界上最发达的国家之一。于是，首都伦敦临危受命，被确定为替补城市，仓促中第一次承办奥运会，筹备时间只有一年半。

伦敦于 1907 年开工建设比赛主场地，地点选在伦敦西郊一个名叫"白城"的地方。工程投资六万英镑，历时 10 个月，如此高效率地建好一座能容纳 68000 名观众[1]的体育场在当时被认为是工程技术奇迹。与今天使用公制测算不同，"白城体育场"采用英制，跑道总宽 24 英尺，合 7.3 米，三条跑道长 1 英里，也就是 536 米。跑道外圈还有一个 35 英尺（11 米）、660 码（600 米）的环道，规模比今天的体育场要大一圈。内场则挖了一座 100 米长，15.24 米宽的水池，旁边垒了一个平台，分别用于游泳、跳水和摔跤、体操项目。

1908 年 4 月 27 日，第四届夏季奥林匹克运动会在伦敦开幕，由于赛事规划经验不足，加上场地限制，不能同时举行多项比赛，赛程不得不依次进行，耗时达 6 个月之久，到 10 月 31 日才闭幕，成为历史上举办时间最长的现代奥运会。

昔日强盛的日不落帝国制定过很多世界通行的标准和规则，在 1908 年奥运会上也不例外，比如首次设置开幕式入场仪式，并且各国运动员统一穿着有本国特点的服装，这种形式此后成为惯例；推动统一标准规则的建立，从不同国家挑选裁判员，以保证比赛的公平、公正。

另外就是确立了马拉松比赛的长度，并使之成为世界流行的运动项目。1907 年 5 月，国际奥委会制定的马拉松全程是 25 英里，或者 40 公里。比赛起点因为设于温莎城堡门口，增加为 26 英里，在玛丽公主的要求下，又向城堡内延伸至皇家托儿所窗外，这样皇室成员就可足不出户观看马拉松比赛的出发仪式，所以从起点至"白城体育场"终点的总距离变成了 26 英里 385 码，从 1924 年后 42.195 公里的马拉松长度一直沿用至今。

16 个国家的 55 名运动员参加了这项长距离考验意志力和耐力的比赛，吸引到很多观众观看，运动员临近终点时发生了戏剧性的一幕，小个子意大利人多兰多·皮特里率先跑入体育场，筋疲力尽的他在最后一圈五次摔倒，还差点跑错了方向，但仍坚持冲向终点。此时旁边围满了维持秩序的警察和工作人员，现场一片混乱，在一旁干着急的两名比赛工作人员自作主张地拉着皮特里的手，引导他跑完最后一段赛程，其中一位就是小说《福尔摩斯》的作者柯南·道尔。

遗憾的是，别人的"好心"帮了倒忙，完全可以自己跑完全程的皮特里被取消成绩和名次，紧随他撞线的美国运动员海耶斯获得金牌，整项比赛只有五分之一的人到达终点。英王爱德华七世的妻子亚历山德拉王后[2]在现场的皇家包厢里目睹了这感人又让人有些哭笑不得的一幕，几天后她主持了一个仪式，给因为"被帮助"而痛失金牌的皮特里特别颁发了一座镀银奖杯，表彰他锲而不舍的精神，算是在比赛规则以外的补偿。

也正是在这届奥运会期间，7 月 19 日，一位来自美国宾夕法尼亚州的主教迪·库布汀在伦敦圣保罗大教堂布道时提及对于奥运"最重要的事情不是赢得比赛，而是参与"的格言，"重在参与"的奥运精神从此传播世界，英国王后对参赛运动员的奖励也正是对这句话的体现，让这项逐渐规范化的国际大型赛事充满了人情味。

第四届奥运会共有22个国家的2008名运动员报名参加22项比赛，作为东道主，英国队获得56金、51银和38铜，金牌和奖牌总数都名列第一，位居第二的美国队奖牌总数只有47枚，由此可见当时英国的体育实力十分强大。会后结算，不算修建白城体育场的投资，运动会花去15000英镑，其中三分之一用于接待各国运动员，这些钱大部分是靠募捐的，门票收入只占28%。

与第四届伦敦奥运会几乎同时、同地点举行的还有另外一个国际盛会，那就是1908年5月26日至10月31日期间的"法英博览会"，这是首次由两个国家联合主办的国际博览会，占地面积140英亩，约有0.57平方公里，从航拍图片看，所有建筑经过整体规划，分布于中轴线两侧，对称中有变化，气势宏伟。

博览会修建大型喷泉，培植欧式园林，亭台楼阁一应俱全；开凿人工湖，环绕的全是精心筑造的东方风格白色建筑，"白城"由此得名。体育场也融入建筑群中，并且在奥运会间隙作为博览会的场地之一使用。可升降双臂观光塔是今天摩天轮的前辈，顶端分别可以搭载50人到60多米高空，整座博览园和体育场尽收眼底。为期5个月的博览会既开眼界，还能去体育场，或者登上大悬臂观看奥运会现场，吸引了800多万游客，盛况空前，体现出当时的人们对运动和娱乐关系的认识和理解。

体育场和博览会建筑从上世纪60年代开始逐渐被拆除，腾出的土地用于修建英国广播公司的电视中心和媒体村。现在，"白城"的地名依旧，但物是人非，已经几乎看不到当年博览会建筑的踪影，只有BBC大楼外立面上镌刻着的奖牌榜和获奖运动员名字提醒着路人这里曾经举办过英国历史上第一次奥运会。

艰苦奥运

1939年，伦敦获得第十三届奥运会的主办权，举办时间预定为1944年，这届奥运会还有另外一层意义，那就是庆祝现代奥运会开办 50 周年，本可以办得隆重些，但 1939 年二战爆发，期间伦敦遭受了德国人的猛烈空袭，自然也就无暇顾及比赛。

历时 6 年的世界反法西斯战争随着 1945 年 9 月日本无条件投降宣告胜利，随后国际奥委会宣布将恢复举办奥运会，有人质疑在很多欧洲国家仍然一片废墟、满目疮痍，人民正忍受饥饿时举办一个节日般的运动会是否妥当。然而因为战争错过奥运会的伦敦还是于 1946 年 3 月被列入第十四届奥运会的候选城市，最终经过投票，在时隔 40 年后又一次成为奥运会的主办城市。

战争让英国遭受巨大损失，元气大伤，近 30 万英军战死，6 万多平民丧生，约一半商船的运载量被摧毁，35000 名海员丧生。英国还欠下巨额战争贷款，1945 年外债达 35 亿美元，黄金、美元储备和海外投资等几乎耗尽，从世界一流强国的地位上迅速衰落。战争虽然结束了，但食品、衣物、建筑材料、汽油和住房等紧缺，英国还在实行定量配给制，随处可见轰炸留下的弹坑和残垣断壁，很多人居无定所，伦敦险些像当年的罗马一样放弃主办权，将其"转让"给美国人。但二战中一直领导和鼓舞英国人民进行反法西斯战争的乔治六世国王则认为这是一次让大不列颠从创伤中走出来的好机会，于是，百废待兴的伦敦还是承担起了举办世界体育盛会的重任。

这是一次紧缩、节俭和务实的奥运会，因为处于特殊时期，如何接待参赛运动员对英国政府和当时的政府官员甚至成为带有政治敏感性的问题，需要好好权衡。作为东道主既要保障本国人民的基本生活需求，又要为客人们提供合理的后勤保障，不仅让运动员们住得好，还要考虑无家可归同胞的感受。也就是说政府不能打肿脸充胖子，为了虚头巴脑的面子，让人民勒紧裤带，省嘴待客。

与 12 年前的柏林奥运会相比，伦敦没有专门建盖运动员村，而是对西郊几处战时军队康复营房进行翻修，改造成临时"奥林匹克小镇"，这里商店、银行、邮局、电影院、咖啡厅、阅览室、待客间、酒吧、点心店、修鞋铺和电报电话等服务娱乐设施一应俱全，房间和帐篷里安排了单人沙发床，简单却很舒适，东道主提供被单、枕套和毛毯，但客人们则需自己带毛巾等用具。

74

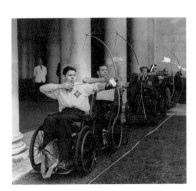

上 1908年伦敦奥运会开幕式，左后方是游泳、跳水池，右后方是摔跤、体操台

中左 皮特里冲线瞬间，右边这位就是小说《福尔摩斯》的作者柯南·道尔

中右 亚历山德拉王后为皮特里颁发奖杯

下 斯托克·曼德维尔队与皇家星型勋章康复中心队进行射箭比赛

上 1908 年法英博览会

下左 给小镇里的临时建筑准备的指示牌，可以看出麻雀虽小五脏俱全

下右 奥林匹克小镇里的阅览室

因为地处皇家瑞驰蒙德公园，毗邻泰晤士河，周围森林环绕，环境优美，是野鹿的栖息地，临时小镇很像野外休闲度假村，男选手们被安排在这里，为数不多的女运动员则借宿萨朗学院等学校的宿舍。家在伦敦的运动员不提供住宿，每天乘公车和地铁去比赛，就连明星运动员也不例外，英国运动员们的制服也是自己缝制，或者自掏腰包购买。

困难时期大家相互体谅和支持，重要的是以运动的方式享受来之不易的和平，而不是上演眼花缭乱的嘉年华。为了减轻主办者的负担和压力，各参赛国同意自带供给去伦敦，荷兰为所有参赛队提供 100 吨蔬菜和水果，丹麦运送16 万只鸡蛋，捷克斯洛伐克支援两万瓶矿泉水，阿根廷和冰岛带来肉制品，美国人则每天从洛杉矶空运大批面粉、大米。开幕式等候入场前的野餐，澳大利亚队给英国队送去食物袋，看起来大家更像是合伙搞个聚会。奥运会结束后，剩余食品全部捐赠给英国医院。

东道主为参赛运动员们发了专用身份证明，比赛之余他们可以持卡免费乘坐地铁、公车、电车等交通工具，算是作为对各国支持办奥运的一种回报。因为经济拮据，英国媒体一开始很反对为了两周的运动会花 73 万英镑，但当时全国齐心协力，参赛国团结一致，每个人都希望参与其中做点什么，气氛热烈而融洽，看到一次奥运会改变了公众的精神面貌，媒体的态度也随之改变。

比赛场馆则是在已有建筑的基础上加工改造，主体育场是 1923 年修建的温布利体育场[3]，作为"不列颠帝国博览会"[4]的一部分，当年它承载着给刚刚经历第一次世界大战的英国人带去欢乐的使命，没想到时隔 25 年，又一次发挥类似的作用。温布利体育场旁的"帝国水池"[5]既是游泳比赛场馆，也设有拳击台。赛前要做的准备工作之一是刮掉窗户上的黑漆，这是二战期间防止德国人空袭时看到灯光专门粉刷上去的。

经过两年筹备，第十四届奥运会如期于 1948 年 7 月 29 日至 8 月 14 日在伦敦举行，作为二战后第一次奥运会，创纪录的 59 个国家[6]派来约 4100 名运动员参加 136 个项目的角逐。运动带给人们久违的愉悦和舒畅，比赛受到广泛欢迎，取得巨大成功，并且又为日后奥运的规范化和创意增添了新内容。

温布利体育场记分牌上打出 "奥运会最重要的不是赢得比赛，而是参与；生命最本质的不是征服，而是努力奋斗"，这句话从 1932 年起出现在每届奥运会的开幕式上，时刻提醒着运动员们不要舍本逐末。英国人还首次设计了 20 个运动项目的象形图案，增强观众的识别性，此后设计一套有创意和体现主办国特色的图形成为各届奥运组委会比拼的项目之一。短跑项目中选手们第一次使用了助跑器。

体育比赛转播里程碑

英国广播公司于 1946 年 6 月 7 日恢复电视播出，这个 "新媒体" 第一次在奥运会派上了用场[7]，BBC 首开广播电视媒体为转播比赛付费的先河，支付 1000 英镑购买转播权。为了做好报道，他们投入新式采录设备，更新转播车辆，租用同样是为 "不列颠帝国博览会" 修建的 "艺术宫" 作为广播电视中心，在旁边的温布利体育场里设置 8 间广播演播室，15 个解说间和 16 个开放评论席，一共 32 条信号通道，加上 "皇家水池" 里的 16 个解说点，通过同轴电缆与广电中心连接。

虽然 1948 年时电视机因为价格昂贵还不普及，电视信号的半径只有 25 ~ 40 英里，覆盖八万多户有电视机的家庭，但观众毕竟多了一个选择，那就是守着客厅里的 "木头盒子"，不用风吹日晒也能看到比赛现场的情况。8 位资深男播音员分布在赛场各地，"全方位" 转播比赛实况，因为比赛广受欢迎，奥运期间，BBC 停播了不少其他电视节目，腾出时段，一共进行了 60 多小时的转播，规模空前。

因为国际关注度高，不少外国媒体也派记者前来采访，BBC 为他们制作了《广播手册》，提供比赛日程和交通指南，建议记者们使用公共交通工具前往赛场。"服务机构" 为外国同行订票、租借设备等，广电中心备有 8 间播音室和 12 辆机动采访车，"信息间" 则设有电传打字机，方便记者采访和发稿，这些服务已经具备了现代大型体育运动会新闻中心的雏形。BBC 的尝试不仅开创了电视体育转播的新时代，也让自身得到一次提高和发展的机会。

略显遗憾的是，英国队风光不再，奖牌数只名列第 12 位。但为期 17 天的各项比赛售出 250 多万张门票，赛场外总是车水马龙，人头攒动，最终盈利 42000 英镑 [8]，除去纳税以外，剩余经费用于支付下一届奥运会英国代表团参赛的开支。英国人在战后特殊条件下，做了一次小成本办大事的尝试，为世界贡献了一届务实和成功的奥运会，实现了经济和社会效益双赢，这比多得几枚奖牌更有意义。一位 1948 年奥运会的参与者说："我们很快乐，享受巨大的成就感，这些是今天的运动员们无法想象的。"

残奥会发源地

就在 1948 年奥运会开幕的同一天，一个为残障人士举办的非官方的运动会也在距离伦敦西南方向 40 多英里的艾尔斯伯里开幕，这个以运动康复为宗旨的比赛后来成为奥运会的一部分——残疾人奥运会，英国也成了这项赛事的发源地，2012 年的伦敦残奥会也是一次"回家"之旅。

艾尔斯伯里有一座斯托克·曼德维尔医院，收治的都是二战中负伤，特别是瘫痪的退伍军人，当时，在饱受战争蹂躏的欧洲大陆有很多这样的残障人士。医院的德国医生路德维希·戈特曼是一位神经病学专家，1944 年为避战火从纳粹德国逃到英国，在这里建立了脊髓损伤科。

"截瘫并不意味着人生就完结，而是新生活的开始，"路德维希认为他的病人有权获得帮助和支持，享受正常人的生活，而运动在实现身心康复目标中扮演着重要角色。刚开始，路德维希只是为了让患者开心和消遣，开展的项目有飞镖、桌球、撞球 [9] 等游戏，然后逐渐发展为集体项目，比如轮椅"马球"和篮球，他很快发现这是对物理治疗的很好补充，对心理恢复也有不错的效果，这就是后来的"运动康复"。因为伦敦举办奥运会，他冒出为自己的病人们也搞个小型运动会的想法。

1948 年 7 月 29 日，16 名坐在轮椅上的截瘫退伍军人在医院的草坪上参加了第一届"斯托克·曼德维尔运动会"，这就是残奥会的前身。其实，如果再

上　皇家骑兵卫队阅兵场
中　伦敦大板球场、温布尔顿网球场、皇家格林尼治公园
下　泰晤士河边的千禧年巨蛋

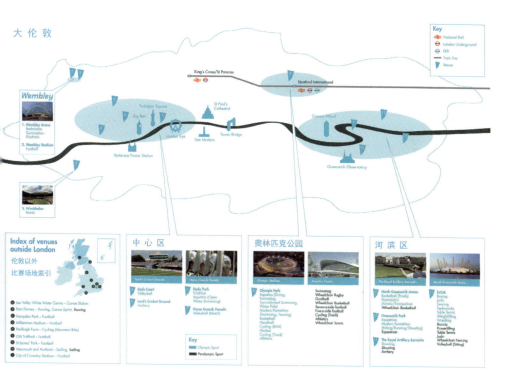

2012伦敦奥运会场馆分布图（图片来源：www.london2012.com）

往前追溯，早在 1923 年，位于瑞驰蒙德地区的"皇家星型勋章康复中心"就开展过类似活动，当时在这里接受康复治疗的一战负伤老兵坐在三轮轮椅上参加通过"之字形障碍"的比赛，只是没想到的是，这一区域的部队康复营地在 20 多年后的伦敦奥运会期间被改为了临时运动员村，游戏、快乐与身心康复就这样通过运动被联系在一起。

斯托克·曼德维尔运动会此后每年 7 月的最后一周定期举办，规模逐渐扩大，甚至吸引来自欧洲各国的残疾人士，变成了一项民间国际赛事。1960 年，奥运会在罗马举行，路德维希医生带着 23 个国家的 400 名轮椅运动员前往，这已经是第九届"斯托克·曼德维尔运动会"，因为得到国际奥委会认可，历史上第一届残疾人奥运会从此诞生，英国的德籍医生也被称为"残疾人运动之父"。

现在，斯托克·曼德维尔医院的旁边建起了"全国残疾人运动中心"，有游泳池、跑道、田径场、网球馆和保龄球中心，很多英国著名残疾人选手在此训练和备战。因为有着悠久的残疾人运动历史和传统，英国残障人士的运动水平也很高，2008 年残奥会上，英国队排名第二的成绩就是最好证明。

今天，在英国各地随处可见为残障人士提供便利的设施，从楼道边的升降梯到无障碍通道，公车和出租车上都安装有专门的滑板，方便轮椅上下。也就是说，一名轮椅出行的人不需要他人陪护便能畅通无阻地到达想去的目的地，关照残障人士在英国已经深入人心，这与 90 年前兴起的康复活动一脉相承。

务实奥运

1948 年伦敦奥运会后，英国中部城市伯明翰、曼切斯特分别于 1992 年、1996 年和 2000 年申办奥运会，但都铩羽而归，在与奥运"阔别"近 60 年时，英国决定还是派伦敦出马，因为看起来似乎只有它能与世界上那些强劲的对手一争高下。果然，2005 年 7 月 6 日，在国际奥委会全体委员的投票选举中，伦敦不负众望，击败巴黎，第三次成为夏季奥运会主办城市。

伦敦举办奥运会似乎总要经历些波折，申办成功第二天清早上班高峰期，市中心连续发生 6 起以地铁和公车为目标的自杀式恐怖爆炸袭击，造成 52 人死亡 [10]，700 多人受伤，英国人还没来得及充分享受喜悦，便坠入惶恐之中。虽然这些恐怖袭击只是借助伦敦申奥成功制造影响，但确实实让人为 7 年后的奥运会捏了一把汗。

爆炸只是一个开端，更大的麻烦还在后面，就在申办成功两年后，他们遭遇严重的全球金融危机。2008 年 10 月上旬，负责奥运会基础设施建设的伦敦奥运筹建局表示，预算 10 多亿英镑的奥运村工程出现四分之一左右的资金缺口，另一主要建筑、预算 4 亿英镑的主新闻中心同样难以招商引资。

一边是资金不到位，另一边则是持续攀升的预算成本，据英国电视媒体发布的一份调查显示，伦敦奥运会最终的实际花费可能超过 120 亿英镑，这一数字远远超出申办奥运时提出的 23.7 亿英镑。如果筹集不到资金，最终将会由政府出资建设，这引起了纳税人的不满和媒体持续的热议，一时间有说悔不该申办的，也有建议请上届东道主北京帮忙再办一次的。

但有专家则认为金融危机恰恰让伦敦有了名正言顺省钱办奥运的理由，反正伦敦无论如何也无法超越"财大气粗"和"奢华无比"的北京奥运会，所以他们打出了"办一届与众不同的奥运"的口号，英国人更愿意让人们看到他们长期以来一直对历史、文化和运动的执着热爱，而不是像暴发户一样显摆和烧钱。为了节省开支，伦敦取消部分临时场馆建设，缩小奥运村的规模，一家英国媒体带开玩笑地说："2012 年的奥运会，将是一届纪念英国金融危机的奥运会！"1948 年，伦敦借助奥运走出战争阴影，2012 年，英国人指望奥运帮助他们走出经济危机。

伦敦奥运会的主要赛场集中在三个区域，分别是奥林匹克公园、河滨区和中心区。2012 年 1 月 27 日，距离开幕还有半年，伦敦奥组委宣布，拥有 2818 个房间，能容纳 16000 名运动员和官员的奥运村正式竣工，并且进入设施安装阶段。与此同时，奥林匹克公园内其他比赛场馆也相继完工，沿一条河谷两侧分布着主体育场"伦敦碗"、水上运动中心、篮球馆、手球馆、曲棍球场、水球馆和室内赛车场。虽然建设规模缩小，但在伦敦历史上，还从来没有如此集中地建设过这么多专业运动设施，主办者希望新建场馆与过去留下的世界级赛场一起成为"伦敦体育运动未来"的遗产。

除了奥林匹克公园全部是新建场馆外，其余两处都是利用已有场馆和场地，经过精心安排，不少场地是伦敦旅游必去的景点。英国人很擅长将它们转化为被古老建筑和氛围簇拥的赛场，让历史文化成为比赛的背景，而不是散发着油漆味的孤立竞技场。比如始于 1745 年的"皇家骑兵卫队阅兵场"，与唐宁街 10 号英国首相官邸比邻，奥运期间会铺满沙子，变身为都市里的"海滩"，上演沙滩排球比赛。温布尔顿网球场、温布利体育场、伦敦大板球场在全球体育迷和运动员心目中都是各自运动项目的圣地，无论观战，还是比赛以能置身其中为荣。

马术和现代五项赛场在拥有 580 年历史的格林尼治公园举行，这里是伦敦最古老的皇家狩猎场和世界文化遗产，伦敦城尽收眼底，世界时间的划分基准就在不远处小山坡上的格林尼治天文台，那座其貌不扬的小楼将地球一分为二。皇家炮团军营自然是手枪和步枪比赛的最佳地点。建于 1673 年的皇家海德公园有宽阔的水域，适合三项全能和马拉松游泳项目，大片绿地更能在比赛期间举行各种户外文化活动。

伦敦的很多场馆都是多功能的，集展览、会议、演出、比赛于一体，经过简单重组就能转换用途，给组委会提供了很大选择余地。排球比赛安排在建于 1937 年的伯爵展览中心，它也是伦敦最大的会展场所之一，附近有维多利亚和阿尔伯特博物馆、科学博物馆，以及自然历史博物馆，文化气息浓厚；ExCel 会展中心毗邻泰晤士河，旁边是皇家维多利亚船坞，视野开阔，风光旖旎，承办拳击、击剑、柔道、跆拳道、乒乓球、举重、摔跤等项目；1948 年奥运会的游泳池和拳击赛场这次用于羽毛球和艺术体操比赛；"02 千禧年巨蛋"是泰晤士河边的标志性建筑，曾经作为北京奥运会火炬传递伦敦站的终点，2012 年是此次艺术体操、蹦床和篮球决赛场地。如此看来，办一届奥运会还真不用盖这么多新场馆，这主要得益于英国大型公共建筑设计往往具备多功能化的特点和传统，省钱、省地，还提高使用效率。

享受运动的快乐

英国人对成功举办奥运的信心还来自于其悠久的运动传统，提起奥运会，大多数人只知道法国的顾拜旦是创始人，却不知另一位关键人物 —— 英国的威廉·彭尼·布鲁克斯医生。他生活在英格兰中西部什罗浦郡一个名叫马奇·文洛克的小镇，早在 1850 年 2 月，威廉医生就创办了一个"奥林匹亚"组织，目的是"提高小镇及周边居民，特别是工人阶级的身心健康和智力水平，定期举行公共集会，鼓励户外娱乐活动，奖励那些运动技巧高超和智力超群的参与者"。

他的号召得到了积极响应，同年 10 月 22、23 日两天，文洛克举办了第一次运动会，融合竞技游戏和传统乡村娱乐项目，比如滚铁环、足球和板球，这被认为是现代奥运会的雏形。1890 年，顾拜旦邀请该组织去参加他举办的一项活动，受威廉的启发，不久后便成立了"国际奥林匹克委员会"，这就是为什么 2012 年伦敦奥运会的吉祥物取名为"文洛克"的缘由，当地人都以小镇是奥运发源地而感到自豪。追根溯源，我们不难发现，最初的运动会是因何而起，对运动的真正意义就多了一份理解。

行走在英国各地，会不时看到一位身穿高跟鞋和职业套装的时髦女郎，挎着包走进市中心的公园绿地，眨眼的功夫便换上运动服和跑步鞋，身手矫健地消失在树林步道间；从住宅朝不同方向出发可以很容易地找到大片供运动锻炼用的草地，带球奔跑的孩子中难说就有未来的"贝克汉姆"；夕阳西下，穿城而过的河流上不时顺势飘来几艘皮划艇，轻松惬意，弄不好其中就有在奥运会上摘金夺银的高水平选手；周日的巴士车上可能坐着一位刚用完早餐，背着球包去高尔夫球场挥上几杆的中年人。

1908 年至 2012 年，104 年间伦敦三次办奥运，经历了天灾、人祸和不可抗力，但他们对运动的热爱从没有改变过，英国是奥运会和残奥会雏形的发源地，奥运精神最先从伦敦传播开来都不是偶然的。十八、九世纪，率先进入工业文明的英国，"先富

威廉·彭尼·布鲁克斯

伦敦市中心的海德公园是人们运动的好场所之一

起来"的英国中产阶级和上流社会钟情于各种休闲活动,运动最初就是由一群成天聚在一起,却又精力旺盛无处发泄的"公立学校"[11]青年学子们自发推动的,足球、水球、网球、马球、棒球、游泳、橄榄球、乒乓球、羽毛球、曲棍球、高尔夫、田径、竞走、射箭、赛艇、皮划艇、拳击、斯诺克等当今最热门的运动项目大多发端于喜欢玩乐的英国人,或者最早由他们制定游戏、比赛规则,并伴随着大英帝国的势力扩张传播世界各地。

英语的"Sport"1300年最早的定义是"人们能感到有趣或者愉快的任何事情",现代的定义是"追求消遣和娱乐的活动",运动对英国人而言,不是远离普通大众的"职业",也不是只属于有钱人才能消费的"特权",更不是一个国家用金钱堆积换来的面子。在我们的语境中,"运动"总是与"拼搏"、"攀登"、"金牌"、"排名"、"外交"和"争光"等崇高概念联系在一起,看起来光芒四射,催人奋进,但恰恰丢失了它本该有的含义。

现代运动源于英国贵族和特权阶级教育背景,带有明显衣食无忧的资产阶级一贯"不涉及利益"的特征,强调公平竞赛、业余精神、重在参与,反对职业化、商业化和物质报酬。谈及英国文化、传统和特色的基本内容时,运动和竞技是其中不容错过的重要部分。伦敦三次办奥运的经历告诉我们无论规模大小,条件优劣,本国参赛队能获得多少金牌,都不影响运动在生活中所占的重要位置,以及所有人享受运动的权利和所带来的快乐。

---

1. 这被认为是最早的现代座椅式体育场之一,如果观众站立则能容纳约13万人。
2. 伊丽莎白二世女王的曾祖母。
3. 也称"帝国体育场"。
4. 见《探访传奇之地》一章。
5. 现在是伦敦主要的娱乐活动场地,常常举办大型演唱会。
6. 1936年第11届奥运会主办国德国和1940年本该举办第12届奥运会的日本未在受邀之列,但意大利参加了比赛,并以8金、11银和8铜的成绩名列奖牌榜第五。
7. 1936年柏林奥运会,德国曾进行过电视转播,但覆盖面小,且是通过闭路形式传送到固定场所,不是真正意义上的电视转播。1960年罗马奥运会进行了国际直播,1964年东京奥运会第一次通过卫星转播,1968年墨西哥奥运会播出彩色电视信号,奥运会也是传播技术展示的平台。
8. 还有一种说法是29420英镑,组委会为此上税9000英镑,税后资金用于支付英国队参加1952年赫尔辛基奥运会的费用。
9. 类似保龄球的游戏,在户外草地上进行。
10. 其中有四名恐怖袭击者。
11. 其实是不受国家控制的私立寄宿中学,以培养贵族及努力跻身上流阶层的资产阶级子弟为主。

Fire point

Fire Action
On discovering a fire
1. Operate the nearest fire alarm immediately.
2. Leave the building without delay.
3. Proceed to the assembly point at

On hearing the fire alarm
1. Leave the building by the nearest exit.
2. Proceed to the assembly point.

The Lift must not be used.

Assembly point

FOTOGRAFIA
ARTE MODE

WATER
FOR USE ON FIRES
INVOLVING WOOD
PAPER, FABRICS
NOT
ELECTRICAL FIRES

Chubb F

WATER
FIRE EXTINGUISHER

6 L WATER

1 USE UPRIGHT.
REMOVE SAFETY PIN
AND UNCLIP HOSE.

2 DIRECT HOSE
NOZZLE AT
BASE OF FIRE

3 SQUEEZE HANDLE
TO COMMENCE
DISCHARGE. RELEASE
TO INTERRUPT.

A

WARNING: DO NOT USE ON LIVE
ELECTRICAL EQUIPMENT.
DO NOT USE ON LIQUID FIRES.

GLORIA

THIS ENG
GWP

浴火的城市
London after the Great Fires

当灾难发生在我们自己身边的时候，这样的人生活戏剧不是一样在上演吗？只是不知你想做为人称颂的英雄，还是被人唾弃的匪徒？

初到伦敦，住的是公寓楼，周围都是绿地和足球场，里里外外有人每天打扫，安静整洁。只有一点不很方便，那就是从楼外到自己的房间，一共要通过四道门，门上还安装有阻力很大的自动锁紧装置，要用劲才能推开。如果去超市买了东西，拎一堆袋子回来，就得不断地把东西放下、开门，然后用身体倚住门，再把地上的袋子挪进去，如此反复，让人心烦。

楼道之间，不同的单元也是用同样的门隔开，总之，一座楼被各种大大小小的防火门分隔成不同单元。有人为了方便，取来公用的烫衣板或吸尘器把门别住，但总会被巡视的管理人员发现，所以串门儿的人过来就回不去，或者穿很少的衣服被关在楼梯间里的事儿时有发生。

如果只是开门麻烦也就算了，房间不定什么时候会毫无征兆地警报声大作，而且往往是在休息时，高频大音量甚至会让睡梦中的人有世界末日到来的错觉。就是在教室里，也会突然响起铃声，于是大家都得迅速下楼，沿途有身着反光标志的工作人员神情严肃地疏散大家，要求远离建筑物。

这是根据《1997年火灾预防条例》进行的定期防火演习，按照规定，所有工作场所每年度至少举行一次，学校则建议每学期搞一回，而且每次必须有专人负责，制定疏散计划和模拟联络消防队。目的是训练大家当面临危险时，保持镇静和有序，"义务安全员"们能快速进入角色，按照事前制定好的计划和演练过的路径指挥迅速逃生。类似演习的实际效果我们常常可以在地震多发国家日本见到，公众很强的防震意识是灾害发生时人员伤亡很少的主要原因之一。

英国这种在一些人看来近乎于神经质的防火教育和演习源自于他们历史上惨痛的教训，而伦敦可以说是一座浴火后重生的城市，从随处可见的防火安全提示和灭火设备中还可看出他们对曾经发生的大火心有余悸。

公元60年，已经征服了不列颠的罗马人在这块土地上为所欲为，罗马士兵驱逐当地原住民，强占他们的田产，甚至把他们当成奴隶，这些行为让不列颠人产生了反抗情绪。61年初夏，爱西尼人的国王普拉苏塔古斯去世，罗马人意图吞并这位昔日盟友的权力和财产。普拉苏塔古斯的遗孀布迪卡试图反抗，但是被当众剥光衣服羞辱和鞭打，两名女儿也遭到强奸，这成为了反抗罗马暴政的导火索，罗马人因为自己的贪婪付出了沉重代价。

怒不可遏的不列颠人推举布迪卡为领袖，揭竿而起，"布迪卡"在凯尔特人语中是"胜利"一词的阴性形式，与布列塔尼语中"胜利"的阴性形式"维多利亚"对应。他们一路攻占了罗马人的行省首府可切斯特[1]，毁掉神庙，屠杀躲在里面的市民，两千多名罗马移民丧命。

那时伦敦叫"伦狄尼姆"，是罗马人的定居点之一，由于靠近泰晤士河，拥有得天独厚的重要地理位置，逐渐发展成了罗马人在不列颠南部的一个主要商业和运输中心。河边遍布房屋、商铺和军需仓库，于是，伦狄尼姆成为了布迪卡领导的起义军的第二个攻击目标。

毫无防备的城市被横扫，留在城中的居民被屠杀，不列颠军队一把大火烧毁了这个刚刚在泰晤士河边露出生机的城市，将之夷为平地，至今人们在伦敦地下20尺下[2]还能找到一层厚厚的灰烬和被熏黑的陶器碎片，这些都记录着布迪卡女王给伦敦留下的难以磨灭的大火烙印。

虽然起义最终被罗马人镇压，约有十万不列颠人遭到屠杀，但布迪卡率领民众反抗暴政的故事却广为流传，在维多利亚时代的大不列颠帝国更是上升到了代表帝国形象的高度。现在泰晤士河边耸立着一座布迪卡驾着马车纵横战场的雕塑，造型就来自于历史记载：布迪卡挥舞着一条硕大的长矛，和两个女儿驾着战车上下驰骋，用他们家族和人民遭受的凌辱来激励士兵们复仇的怒火，任何人看到她都会惊恐万分。

回到罗马人手中的伦狄尼姆很快得以重建，罗马人又开始了他们的快乐生活，这座城市也在朝代更迭中走到了十七世纪。此时它的名字已经改为"伦敦"，是英国最大的城市，欧洲名列第三，位列君士坦丁堡和巴黎之后，人口估计有500 万，这里有英国最繁忙的港口、最大的制造商、最大的市场和集散中心。但当时的伦敦似乎并不是一个适合人居的地方，城市没有规划，无序扩张，街道拥挤，建筑也多是木质结构和茅草顶的临时房子，嘈杂、肮脏、气味难闻。

1664 年和 1665 年的夏季湿润多雨，瘟疫已经蔓延了很长一段时间，1665年 9 月 19 日的数据显示，7165 人死亡，这是此间死亡人数的最高峰。而 1666年却很反常，出奇干旱，炎热夏季虽然让瘟疫发病减少，但还远没有结束，7月最后一周仍有 38 人死亡，8 月也还有 266 人丧命。

一波未平，一波又起。

距离泰晤士河边不远处有一条布丁巷，在中世纪英语中，"布丁"（Pudding）是内脏的意思，因为这条不足百米的窄巷连接着附近的肉铺、鱼市和泰晤士河边的码头、仓库，很多屠夫把宰猪和烫猪毛之后留下的内脏和粪便等污物通过这条巷子运到河上的垃圾船，小巷因此得名。不过在今天，"Pudding"一词的主要意思已经变成了"松软的甜点心"，在苏格兰英语中还有"血肠"的意思。

巷子里有间烘烤面包的小店，店主名叫托马斯·法里尔，他的大客户是附近的"海军食品储备处"，托马斯和女儿汉娜，一个女仆和一个男伙计住在不大的作坊里。

1666 年 9 月 1 日，经过漫长炎热的夏天后，伦敦显得很干燥。周六晚上八九点钟，托马斯照常打烊，他检查了炉灶，准备好第二天一早要用的柴火和周日晚餐的烤肉。午夜时分，汉娜再次检查了烤房，确认一切正常后，上楼睡觉。

大约一个小时后，也就是 9 月 2 日的凌晨，住在一楼的伙计被呛醒，浓烟

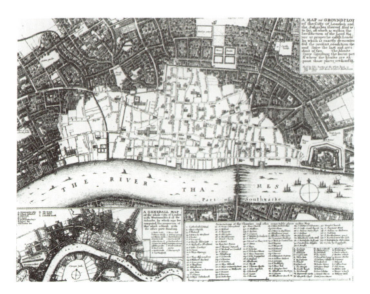

上左 泰晤士河边布迪卡和女儿的雕塑
上右 伦敦大火纪念碑
下 布迪卡带领不列颠军队焚毁罗马人的伦狄尼姆

已经让人呼吸困难，他摸索着上楼叫醒老板、汉娜和女仆。然而，此时他们已经被大火困在二楼。情急之下，有人建议沿着窗外窄窄的挡水屋檐，挪到邻居家的窗户旁，或者直接跳下。他们边爬，边大声喊叫，告诉大家起火啦！可怜的女仆，也许因为害怕，也许是被突如其来的变故给吓懵了，也可能是被浓烟熏昏，最终没能跑出来，成为这场大火第一名遇难者，至今人们都不知道她的名字。

火势借着大风迅速蔓延到了泰晤士河边的仓库，点燃了里面的纸张、木料、绳索、沥青和油。强烈的东风带着火苗在狭窄的小巷里蹿动，惊慌失措的人们逃命的多，救火的少，大火一发不可收拾。所幸，因为风向的原因，大火没有蔓延到距离不远的皇家"伦敦塔"。

多年以后，伦敦人一直没有放弃找出起火真正原因的努力，至今还有不少学者和历史学家在讨论这个问题，和通常看到的被定义为"事故"不同，另外一个版本是"人为纵火"，锁定的目标是居住在伦敦的外国人。

其实，与伦敦本地人相比，外来人口当时很少，也就几千人，主要是外交人员。1639 年的统计显示，共有 1668 名外国人登记，其中法国人 641 人，荷兰人 176 人，还有 15 名意大利人和 6 名西班牙人，他们的职业五花八门，有画家、雕刻师、音乐家和银匠。第一怀疑对象来自荷兰，当时的荷兰很强盛，在欧洲名列前茅，地位举足轻重，他们的商人涉足所有贸易，在其他国家，讲荷兰语比英语更流行和时髦，伦敦只不过是他们赚钱机器中的一环而已。

伦敦人对这些比自己富有的荷兰人很仇视，不少群体以不同方式"排外"，比如 1662 年，纺织行业就促使修改了一项法案，禁止雇佣外国工人。就在这次着火前两周，当地人还烧掉了一只荷兰的商船队，按照常理，荷兰人报复纵火的可能性和嫌疑是最大的。

第一个被抓住的荷兰人名叫科里尼厄斯·里特维尔特，也是一名焙烤店的老板，有人说看见他在周日晚上 3 要把自己距离火场还有一段距离的房子也烧了，以此推断他有纵火的可能。这种情况下，往往也是流言滋生的时候，有人说火是从布丁巷里荷兰人的房子首先烧起来的。

艺术家笔下的伦敦大火（图片来源：London Museum）

当然法国的天主教徒们也脱不了干系，这在史料记载中，可以从另外的角度看出来。

因为有人觉得是法国人干的，伦敦人疯狂地袭击法国人，其中一名妇女被扒光衣服，裙子也被点燃，人们还切去她的乳房，手段很残忍。另一名法国人在"批斗"下承认这事儿是他干的，而自己只是一个 23 人"恐怖组织"中的一员，不过在极端的情况下，这种结果的真实和可靠性是值得怀疑的。最终，法国人被绞死，然后又被愤怒的人们肢解。

还有一名叫安妮的女仆被逮捕，有五名证人听她提起在起火前有一群法国人去过她主人家，提醒他把财产搬离。传说中的法国人说："六周内这些房子和所有街道都将化为灰烬"，不过安妮否认说过这样的话。1830 年代以后，因为宗教方面的原因，对法国嫌疑人纵火原因的探究被叫停，1666 年 9 月 2 日凌晨那天，到底发生了什么，永远成了一个谜团。

不过，和大火起因的扑朔迷离相比，这场火灾造成的影响和后果却很清楚，他们被以各种方式记录了下来。

"大火很快冲过摆放在路边没有搬走的一长排木头，那原本是从房子上拆下来防止火势蔓延的。火舌舔遍了整条街道后离开，把最下面的地窖和酒窖也烧了个底朝天，路两边的房子被一扫光，发出伦敦城里从未听过的响声……"一位清教徒牧师托马斯·文森特在书中这样记载，在他看来大火是对这座城市深重罪恶的惩罚，无法扑灭。

着火的地方以前和现在都是首都的商业中心，有英格兰最大的市场和最繁忙的码头，聚集了商业和制造业的中产阶级。"我们待到几乎天暗，看着火势扩大，当天色暗了下来，出现越来越多的火光，在角落里，陡坡上，教堂和房子上面。在城区的山丘上放眼望去，全都笼罩在可怕至极的熊熊火焰当中……"当事人回忆说街道上挤满了人，他们带着细软骑马、坐车或奔跑逃离这里，商人则用力把能从大门扔出的物品都扔出去，地上都是从火里救出的东西，现在，伦敦博物馆里还陈列着这些物件的仿制品，一片狼藉。

"火焰发出的声音冲击着耳膜，好像有一千辆铁战车击打在石头上……

火苗迎面扑来，瞬间整条街道大火熊熊燃起，向前突进，好像对面窗户里有很多大铁匠铺，聚在一起，形成一个巨大的火球吞下整条街道……房屋从街的一头开始倒塌，直到另一头，只剩下烧光的地基，裸露在苍天之下。"托马斯·文森特的描述充满了镜头感，令浮想联翩的读者不寒而栗。

大风刮到周二才停，士兵和海员用炸药炸毁房屋，设置隔离带才控制了火势，一直到周四，燃烧了 5 天的大火被扑灭，但火灾造成的死亡人数却不详，当时只有四名遇难者的记录。

统计遭到质疑，因为那时没有完善的户籍登记制度，大量贫民和中产阶级并没有记录在册，持续五天的大火高温也足以让遇难者尸骨无存。13500 座房子、87 间教堂、44 个商业场所、圣保罗大教堂、救济院和监狱、三个城门被烧毁，过火面积达 436 英亩，约等于 250 个足球场。按照当时的物价计算，经济损失第一次估计是一亿英镑，后来又降低到了一千万英镑，这个金额相当于 2005 年的十亿英镑。

对火灾的记载大多来自于目击者的日记和当时画家们的绘画作品，进入伦敦博物馆用大红色装饰的"伦敦在燃烧"展览，看着一段段触目惊心的描述和一幅幅油画里的不夜天，参观者仿佛还能感受到当年那场大火带给伦敦的恐惧。

一场大火不仅检验了城市抗击灾害的能力，同时面对灾难，以及由灾难带来的混乱，不同人展现了不同人格。虽然这是发生在三百多年前的事情，但是当我们阅读一个个简单的描述时，各色人等马上跃然纸上，让人感慨不已。

"伦敦市长托马斯·布鲁德沃斯周日凌晨三点看见起火，丹决定让它自生自灭，他没有下令即使房主不同意也要推倒房屋，以阻止火势的蔓延。"

"国王查理二世拿起水桶亲自参与灭火，还撒钱奖励坚持与大火战斗的群众。"

"国王的兄弟詹姆斯公爵组织救火，他命令推倒房屋，阻止火势蔓延，营救被暴徒袭击的人群。"

"人们不顾一切地从火中抢救自己的财产，当租马车运东西的时候，马车夫开始漫天要价，价钱从 10 先令涨到 40 镑，相当于从现在的 60 英镑涨到

3000 英镑，翻了 50 倍。"

"一群群的暴徒搜索没有着火的街道，攻击任何不能说很好英语的外国人，特别是妇女。"

"西班牙大使用自己的房子收容外国人，保护他们不受匪徒的袭击。"

"伦敦邮政局长詹姆斯·希克斯在逃跑时，保护并带出了很多邮件，并发信通知周边国家，告诉他们伦敦发生了什么。"

"威斯敏斯特学校的校长约翰·多本和孩子们奋战数小时保护了一座教堂和周围的房子。"

"小偷非但不帮忙救火，反而抢夺空房子里的财产，趁混乱从马车上偷盗别人的财物。"

……　……

火灾已经成为历史，但是人们面对火灾的表现却仍然被现在的人称颂或者唾弃。站在展厅里，我在想：当灾难发生在我们自己身边时，这样的人生活戏剧不是一样在上演吗？只是不知你想做为人称颂的英雄还是被人唾弃的匪徒？

大火过后，建筑业成为了恢复经济的主要手段，很多人涌向伦敦寻找商机，人们在老街上开始新城市的规划和建设，强调改善卫生和防火安全。查理二世国王（1660-1685）颁布公告，规定加宽街道，打通到泰晤士河边的通道，任何建筑不能阻塞；鉴于此前木结构房子让火势迅速蔓延的惨痛教训，要求所有建筑都需使用石头，或砖作为外立面材料，这就是为什么在伦敦老城区看到的很多房子都是历经风雨的石质建筑的原因。

16 世纪初，英格兰政府开始考虑制定火灾预防法规，其中 1705 年颁布的《伦敦灶火细则》特别禁止在茅草顶建筑[4]的顶层或者阁楼里使用明火，而同时期苏格兰在经历了几次火灾之后，也出台法案，要求建筑高度不能超过 5 层。

1774 年的《火灾预防法案》按照外墙和界墙的厚度把建筑分为七个等级，规定了商店和仓库的最大面积，以防止一旦起火，物资过多助燃，无法控制火势，还第一次提出人的生命和及时逃生比建筑安全更加重要的观念。在"伦敦自治区"部分中指出调查员和每个教区必须准备三把以上的梯子，分别能达到一层、二层和三层楼房的高度，以帮助被困人群及时逃离火灾现场。

第二次世界大战期间，从1940年9月7日起，德国空军对伦敦进行了76天的"空中闪电战"，人们不得不躲到地下的地铁站里，等空袭过后，重新回到地面时，也许自己的家已经毁于火海，到处是消防队在奋力扑火。狂轰滥炸破坏了码头、火车站、热电厂等公共设施和居民区，让伦敦成为当时英国遭受破坏最严重的城市之一，造成两万多人死亡，一半民居被毁，150万人无家可归，伦敦老城三分之一被夷为平地。当时，圣保罗大教堂矗立在遮天蔽日浓烟中的图片成为了战时伦敦的象征。

英国电视第4频道的一个考古节目曾经播放过这样一个故事，二战期间一片居民区被炸毁，摄制组在几十年后来到已经变成公共绿地的街道遗址，他们通过历史资料和仪器定位准确地找到其中两幢房子的位置，还画出电脑模拟的复原图。发掘成果除了有一些日常使用的物品，还有一只猫的遗骸，主持人请来当年居住在此的两位女士，和他们聊小时候使用过的餐具和大家都见过的那只猫。时光荏苒，当年的小女孩已经变成了老奶奶，但她们对火光四起的恐惧还记忆犹新，讲述的故事就像发生在昨天。

2008年2月9号晚上，伦敦最有名的旅游市场卡姆丹市场起火，火苗有四层楼高，消防队用了20台设备，100名灭火人员才算控制住火势。这个市场由露天和室内两部分组成，还有酒吧、俱乐部、餐厅和商店，每个周末都有30万的人流量，幸运的是行动及时，没有人员伤亡，"火烧连营"的事情也没有重演。不过在这样一个地方着火还是让当地人捏了一把汗，当时还是伦敦市长候选人的鲍里斯·约翰逊说：火灾对这一地区和人们是个严重的打击，但是商户、当地居民和应急处置在压力下表现得非常好！

伦敦这座城市在一次次成长、衰落和重生中走来，接受着火的洗礼和塑造。从1705年最早的火灾预防规定出台至今的300多年间，英国针对各种特殊场所和火灾案例，制定、颁布和更新了一系列火灾预防法律法规，最终目的就是最大程度堵住和消除火险隐患，保护公众生命财产安全。

了解了伦敦与火的历史，便容易理解英国人在公共场所"神经过敏"式的防火演习和设置各种设施所带来的不便，这一切虽然看起来麻烦些，但多几道防火门总比所有财产被付之一炬成本低，平时知道一些逃生常识和组织公众参与演习，看似多余，真的遇到灾难时就派上用场了。

2010年11月15日，下午2点左右，上海市胶州路一幢28层高的居民楼起火。据现场目击者说，因为出警迟缓，设施不到位等原因，眼睁睁看着大火燃烧了数小时后熄灭。火灾造成53人死亡、70人受伤其中17人伤势严重的严重后果，而此时距离创造了7308万人次纪录的上海世博会闭幕仅仅半个月。

意外在任何地方都是难免的，但当做好了从意识到硬件的准备之后，就能把因为意外造成的危害和损失降到最低，"防患于未然"是我们老祖宗留下的一句警世格言，道理很简单，只不过做起来不容易，消防安全还真不是做给人看的，也确实不是开几个会和象征性问责几个官员能解决问题的。

现在，伦敦1666年发生火灾的地方，除了布丁巷的地名依旧，其余早已经面目全非，被现代写字楼更替。只有一座可以登高的火灾纪念塔伫立在事发地点附近，更多吸引的是观光者驻足，而那场大火留给伦敦，乃至整个英国的教训已经深深地融入了他们的生活中，懂得从历史中吸取教训的英国人无论是公众意识的培养，还是硬件设施的配套，都做得很到位。

---

1. Colchester，在英语中有chester后缀的地名，大都和罗马人有关系。
2. 有的地方是30-40尺。
3. 也可能是周一的清晨。
4. 见《乡村撒切尔》一章。

探访传奇之地
Venue of Legends

　　球王贝利曾经这样评价："温布利老球场就是足球的圣地，它是足球的首都，是足球的心脏。"

　　刚到伦敦时住的寓所窗户朝东，每当暮色降临总可以透过旁边的树林看见远处有一个发亮的圆拱在夜空中格外醒目，向同单元的舍友提及此物，这位来自北爱尔兰的学生"神秘"地说："那是一座著名的体育场。"好像要故意卖关子似的。

　　直到有一天乘地铁，从早报上读到一条消息说温布利体育场要举行建成后的第一个公众开放日，看着报纸上的图片，这才知道每天从房间抬眼就能望见的那座有圆拱的建筑就是英格兰足球队的主场 —— 温布利体育场。

　　公众开放日定在 2007 年 3 月 17 日，那天是星期六，我提前乘地铁来到温布利公园车站，车厢里明显比平时热闹，虽然只是试运行测试，很多球迷还是穿戴着英格兰队的球衣和围巾，就像真的去观看一场足球比赛。地铁站最早投入使用是 1880 年 8 月 2 日，至今已有近 130 年历史，作为大型体育场配套工程，新建的车站设计了宽敞的大厅和很多通道，一个小时最多可以分流 37500 人，保证大型活动后，可以迅速通过地铁疏散观众。

　　中国足球一如既往的糟糕表现倒了我对这项运动的胃口，已经不记得上次到现场看球是什么时候，记忆中不是被太阳晒得像烤鸭，就是被大雨淋得像落

汤鸡。而在温布利球场里球迷完全不受天气影响，上面的"天窗"能在15分钟内关闭，保证比赛正常进行。如果没有赛事，同时又天空晴朗，可以调整的顶棚能让球场每个角落的草坪都沐浴到阳光，这比之前的老体育场只能覆盖观众席的顶棚要先进很多。

这些功能的实现依靠的就是我天天能看见的"巨拱"，园拱直径7米，由500根支架组成，每根长20.5米，构成13个"单元"，然后焊接在重70吨的巨型铰链上。总重1750吨，相当于10架大型喷气式客机的总重量，中部空间可以容纳一辆地铁火车穿行。拱顶距离地面134米，跨度达315米，是世界上最长的单跨顶棚结构。它真正的作用是支撑5万吨顶部建筑重量，取代体育场内部的柱子，体现优秀体育场最重要的特征，那就是确保所有球迷能从不同角度毫无遮拦地观赏球场上的精彩比赛。

像巨大的圆拱一样，体育场很多设施都是大尺寸的，"2618个厕所"，这是给我留下印象最深刻的一个数字，6倍于老体育场的卫生间为9万名球迷的"方便"提供了方便，如果要评选单体建筑厕所之最的吉尼斯世界纪录，恐怕非它莫属。688个食品、饮料供应点飘出诱人的香味，让观众能有吃有喝地观看比赛。305米长，300米宽，近乎于圆形的体育场让更多人性化的设施成为可能。

走到圆拱下面，抬头仰视更显壮观，它不仅是体育场的标志，也成为了伦敦的地标之一，在伦敦市中心的白金汉宫、议会、英国博物馆等不同位置都能看到它在天际划出的曲线。温布利地区因为这座体育建筑闻名世界，此前还有很多不为人所熟知的趣事。

"温布利公园"的名字早已有之，当时是远离伦敦中心区的小村庄，有着"广阔的土地，宜人的草甸，很多小溪穿流而过⋯⋯"这一切因为1863年世界上第一条地铁"大都会线"的投入使用而改变，"温布利"变成了伦敦的郊区。当时，主持铁路建设的人名叫爱德华·沃特金，他对法国有一种特殊的情结，最早提出修建连接英国和法国间的隧道，另一个想法则是引进巴黎元素，开发温布利公园区域，其中一项具体措施就是建一座"伦敦版的埃菲尔铁塔"。

埃菲尔铁塔是为 1889 年的巴黎万国博览会建造的，并且迅速成为巴黎的地标，正是基于这座铁塔在商业上的巨大成功，同年 11 月，爱德华·沃特金和同事们发起了选拔"伦敦铁塔"设计方案的活动，其中有一项"硬指标"，那就是这座塔要比 300 米的埃菲尔铁塔再高 46 米。"巴黎铁塔"的设计师亚历山大·古斯塔夫·埃菲尔也被邀请提供设计方案，只是在法国舆论指责他"不爱国"的压力下，婉言谢绝了。

最终入选方案高度为 350 米，和埃菲尔铁塔造型很相似，只不过增加了一些东方或者是印度风格的装饰，预计造价为 35 万英镑，这在当时已经是一笔很吓人的数目了，同时期落成投入使用的牛津市政厅的造价也不过 94116 英镑。也就是说建铁塔的费用可以盖 4 个市政厅了。

工程于 1893 年开工，历时两年建好了第一层平台，不过 47 米却成了这座塔存世的最高极限。因为造价高昂，缺乏新意等诸多原因，项目从一开始就没引起公众的兴趣，最终淹没在温布利的沼泽地里，于 1907 年彻底停工，后来英文中还留下了一个俗语"Watkin's Folly"，意思是"沃特金的荒唐事"。看着当时的设计效果图和施工现场图片，估计很多人会误以为是"巴黎铁塔"，如果当时建成的话，隔海相望的两座貌似的铁塔又会留下怎样的话题？

因为这个雄心勃勃计划的搁浅，温布利公园的其他项目步伐也慢了下来，到 1914 年，建好的房屋不超过 100 幢，更大的空地则变成了高尔夫球场，直到 20 世纪初期，一个新的项目启动。

1921 年，温布利公园被定为"不列颠帝国博览会"的会址，之后，这片区域以 67323 英镑的价格卖给了博览会建设公司。此时距离第一次世界大战结束刚刚不到 3 年，举办大型展会的目的是为了促进英联邦国家之间的贸易，让人们从低迷的气氛中走出来。当时的威尔士亲王说："我们希望减少这个国家的失业人数，给长时间经历痛苦、悲伤和贫困的千家万户带去快乐和繁荣。"

这位亲王 1936 年 1 月 20 日继位，成为爱德华八世国王，因执意要娶离过两次婚，又不是贵族的美国妇女辛普森夫人，遭到英国政府、英国国教，以及海外领地政府的强烈反对，执政 325 天后，于同年 12 月 11 日自动退位，成为

1924 年不列颠帝国博览会的场馆 （图片来源：Oldukphotos）

英国及英联邦历史上在位最短的君王，也就是后来的温莎公爵。

帝国博览会总面积 87 英亩，相当于 35 万平方米，是天安门广场的四分之三。场馆以两条轴线为基准布置，南北轴"国王路"连接的是园林和主场馆"帝国体育场"[1]。东西轴有湖面，并按照参展国的重要性和国土面积大小布置场馆，所有建筑都是临时性的。

东道主英国除了有一个主场馆以外，同时还有四个场地展示他们的成就，分别为产业、工程、艺术和英国政府馆，从规划图、建筑效果和展览内容看，吃喝玩乐，一点也不比今天的博览会逊色。

参展的还有加拿大、澳大利亚、新西兰、印度、西印度[2]、西非、南非和香港等 58 个英国殖民地和领地，是当时世界上规模最大的博览会，这种会展模式至今一直沿用。每个场馆也各具特色，加拿大塑了一座威尔士王子骑马的雕塑；澳大利亚在羊上面做文章；新西兰用了毛利人的元素作为装饰；印度馆一看就觉得与泰姬陵有类似之处；西印度的园林里种植咖啡、可可和香蕉；香港展区则设有一座能容纳 150 人的餐厅，提供可口的中国风味美食。

作为博览会主场馆的"帝国体育场"入口正门为两座白色的双塔造型，设计灵感来自印度新德里的总督府，双塔此后便成为体育场的标志。场馆建设使用了当时的新材料 —— 混凝土，外墙用强化混凝土涂抹，整体采用现浇混凝土工艺，而预制板厚度只有 75 毫米，新材料的用量达到 25000 吨，配合钢材和玻璃顶，工程进度大大加快。英国人投资 75 万英镑，历时 300 天，高效地建起了当时"世界上最好的体育场"。这类建筑的特点是质朴和结实，没有过多华丽装饰和色彩，中国很多地方以前的大型体育场就是模仿这种风格。

博览会 1924 年 4 月 23 日开幕，英王乔治五世主持了开幕仪式，第一次通过刚投入使用不久的 BBC 广播向英国人发表讲话，后来继位的威尔士亲王在展会第一阶段也发表了演讲。作为大英帝国的一项盛事，英国公众的热情空前高涨，"棒极了的温布利"经过口口相传，吸引了众多参观者，1700 万人纷至沓来，那种阵势一点也不亚于近九十年后的上海世博会。

上 1963 年增加了顶棚的老温布利体育场　　下 暮色中的新温布利体育场

英国电影《国王的演讲》中，约克公爵正在吃力地讲话，这个场景就发生在老温布利体育场

　　会期本来预定到 11 月结束，尽管已是英国的秋冬季节，多雨、潮湿、昼短夜长，但仍然没有挡住公众的热情，主办者不得不决定延长展览到第二年，购票参观的人数又增加了 1000 万，博览会取得巨大成功。"国家的强心剂"，这是人们对这个盛况空前展览会的定义，从中我们也不难看出，为什么后来很多国家都争相承办此类大型国际活动的原因。

　　1925 年 10 月 31 日，"大不列颠帝国博览会"闭幕，这一事件被 2011 年热映的电影《国王的演讲》以另外的视角重现，正如电影一开头字幕提示的那样：1925 年，乔治五世国王统治着世界上四分之一的人，他派二王子、约克公爵去伦敦温布利的帝国博览会闭幕式上发表演讲。

　　电影中，当公爵走上演讲席时，话筒后面远景的两座圆形建筑就是"帝国体育场"标志性的双塔顶。这位讲话很费劲的约克公爵在 1936 年 12 月 11 日继承哥哥爱德华八世的王位，成为乔治六世，两年后爆发的第二次世界大战中，他克服此前的不自信和严重口吃的毛病，为重振英国王室形象和鼓舞英国人民士气起到了很大作用，赢得人民的爱戴和拥护。他和妻子伊丽莎白的大女儿就是现在的英国女王伊丽莎白二世。

　　博览会结束后，土地以 30 万英镑的价格售出，地价升值近 4.5 倍，既为英国人提供了一个不错的休闲娱乐项目，也带动了区域开发。按照计划，价值 200 万英镑的地面建筑被迅速拆除，产业馆、工程馆和艺术馆改作他用。

　　幸运的是，在热心人士的建议下，帝国体育场得以保存，作为英格兰国家男子足球队的主场使用，这就是后来被全世界足球迷们所熟知的"老温布利体育场"。1948 年，伦敦在困难中承办第十四届奥运会，它承担起主体育场的重任，在此后几十年里，这座建筑记录和见证了英国体育史上很多精彩瞬间。其中，最辉煌的时刻是在 1966 年 7 月 30 日，英格兰队以 4：2 击败当时的西德队，在家门口夺冠，球员们在近十万观众的欢呼声中经过著名的 39 级台阶，来到皇家包厢前，从伊丽莎白二世女王手中接过雷米特杯。

　　虽然这是现代足球发源地的英格兰队唯一一次获得世界杯冠军，但并不妨碍温布利球场在英国体育迷心中的地位，它甚至是英国体育的象征。世界最知名的足球运动员都在这里留下过自己的足迹，球王贝利就曾经这样评价："温布利老球场就是足球的圣地，它是足球的首都，是足球的心脏。"

　　进入新千年，英国出于申办世界杯和奥运会等赛事的考虑，加上服役近80 年的老温布利体育场已经不能适应现代体育赛事的需要，最终于 2003 年被拆除。新体育场的设计和预算经历了不少波折，受到资金、政治等多种因素的影响，方案数易其稿。

　　在最终实施的方案中，设计师选择圆拱结构牵引体育场顶棚，除了从力学角度考虑外，还有很多象征意义，圆拱作为一种建筑符号，传递着"希望、欢庆、胜利、永恒、沟通和跨域"等寓意，也是凯旋门等西方建筑中的主要元素，建筑师诺曼·福斯特希望建一座体育的"凯旋门"，成为像巴黎埃菲尔铁塔一样的地标建筑。新温布利体育场用另外的形式实现了 120 年前爱德华·沃特金半途夭折的梦想，也弥补了人们对老体育场白色双塔被拆除的遗憾，赋予了它们新的生命。

　　经过 4 年建设，带有美丽圆拱的新温布利球场于 2007 年 3 月 9 日完工，英格兰队又回到自己的新家，英国运动在一座承载悠久历史和传统的世界级体育场中续写神话。

---

　　1. 现在已经更名为"奥林匹克大道"，两端分别是新建的地铁站和新温布利体育场。
　　2. 今天的加勒比海地区。

市政厅今昔
Guildhall Between Present and Past

　　在河边广场游览的公众可以透过玻璃墙面直接看到市政厅大楼里的每一处细节。在建筑内部，多数区域也是透明的，传达出政府"透明的民主程序"的执政理念。

　　初到伦敦的人，有一个地方是必去的，那就是位于泰晤士河上的伦敦塔桥，这是英国首都的标志性建筑之一，周围聚集了不少各具特点的传统和现代建筑。从河的北岸往南看，有一座很像切开的三明治，这就是大伦敦政府的总部所在地 — 市政厅。

　　伦敦因为历史沿革的原因，在辖区面积和管理上常常令人混淆。

　　公元 47 年，罗马人攻占不列颠，在泰晤士河北岸建立要塞，筑起城墙，取名为"伦狄尼姆"。据考证，有专家认为，这个词汇来自于生活在这里的"土著"凯尔特人所用的语言，意思可能是"荒野"，或者"河流流经的地方"，当然河流指的自然就是泰晤士河了。"伦敦"也因此得名，这座国际大都市便在"荒野"上发展壮大，至今已经有 2000 年的历史。

　　后来的统治者也多以这里作为首都，伦敦逐渐凭借新航道的开辟、优越的地理位置和不断发展所积累的基础，早在 16 世纪末就成为了欧洲的商业和贸易中心，1666 年那场大火就发生在这个历史核心区，通常称为"伦敦城"[1]。别看面积只有 2.9 平方公里，却是世界上金融机构最为密集的地方，有世界最大的外汇市场和国际保险市场，有最古老的证券交易所、黄金市场，对世界经

济的影响力不容小觑。

虽然"伦敦城"不是一个"行政区"，但它还是与另外11个"行政区"一起被视为"内伦敦"的范围。但是随着城市发展、人口增多，扩张成为必然，铁路和地铁的修建也拓展了人们的生活领域，于是1965年在核心区周围形成了20个"行政区"，这就是所谓的"外伦敦"。

包括"伦敦城"在内的32个区共同构成了"大伦敦"[2]，总面积1572平方公里，由"大伦敦政府"[3]管理，下属伦敦交通局、发展局、警察局和消防与紧急规划局等部门，还有一个由25人组成的伦敦议会，主要监察市长的工作和决策，并且制衡市长的权力。所以，通常说的"伦敦"只是个区域概念，而不是我们习以为常的"市"的概念，行政管理的功能已经划分到了更小的"行政区"里了。

"大伦敦政府"的市政厅看起来是个兼具独特外观和环保设计的不规则球体，高度45米，共十层。有人甚至担心它会因为重心不稳而倒塌，这样的造型也给不同的人留下了发挥想象力的空间，各种形容千奇百怪。

有人形容像古代武士或者摩托车司机佩戴的头盔，有人觉得是一枚被削歪的鸡蛋，前伦敦市长利文斯通开玩笑地称自己办公的地方为"玻璃睾丸"，现任市长鲍里斯·约翰逊的比喻比较文雅，他用"洋葱"来形容，而我则觉得更像一个汉堡，只不过是玻璃的。

这座通体用玻璃包裹的建筑2002年7月投入使用，与一旁244米长，65米高的伦敦塔桥比起来显得很"低调"，全然没有我们司空见惯的大体量政府机关建筑的炫耀和显摆，看起来更像是一个旅游信息中心。

大楼整体向南倾斜31度，为的是使日照面积减到最低，从而节省建筑内部空调的费用。还有一个好处是把市政厅在地面造成的投影面积减到最小，使得建筑北侧泰晤士河边人行道上的行人可以尽情地沐浴阳光，欣赏近在眼前的伦敦塔桥。环保的措施当然不只是在外部，这座被称为"绿色市政厅"的建筑以采取多种节能措施和资源再利用著称，据说大楼的能耗只相当于同等规模建筑的四分之一。例如调节大楼温度的水使用过后会进入厕所，作为冲洗马桶的用水。就连建筑附近的绿地，也设置多面镜子以反射光源，充分节省能源，建筑的房顶则布满了太阳能收集板。

大楼内部空间很灵活，既能分割为许多小办公室，也能组合成一个超大的会议厅，隔板还可以选择透明或非透明的不同材料。在河边广场游览的公众能透过玻璃墙面直接看到市政厅大楼里的每一处细节。在建筑内部，多数区域也是通透的，这些都传达出政府"透明的民主程序"的执政理念。

内部各楼层以一条沿球形内壁盘旋而上的楼梯连接构成一个整体，沿着台阶拾级而上，朝外看，泰晤士河周围的风景如流动的画面缓缓展开；往内瞧，下面的会议圆桌尽在眼底。行走的过程充满乐趣，边走边拍，在不知不觉中就来到了楼顶。这里是一个开放的空间，有个好听的名字：伦敦的起居室。政府是为人民服务的，那么政府的办公地点当然就是这座城市和市民的"起居室"。

旋转楼梯、通透的办公空间和环保节能的设计思路等都出自英国人诺曼·福斯特的设计事务所，这在他们的其他作品中都有体现，具有鲜明的风格。1999年，这位世界著名建筑师的设计在七个竞赛方案中脱颖而出，2002年7月，女王亲自给取名为"更多伦敦"的新建筑剪彩。

按照政府的说法，这里不仅是工作的理想场所，也是参观游览的好去处。每周一至周三上午8:00到晚上8:00对公众免费开放。里面不光可以欣赏风景，还能看到各种主题展览，当然展示的内容可能各不相同，但是都与这座城市和伦敦人有关系。我曾经在市政厅前整洁的广场上看到一个关于环保的装置艺术展览，艺术家用方盒子构成一个个展示空间，生动形象地传递着环保的理念，与作为背景的"绿色"市政厅相得益彰。

市政厅还为7岁以上的孩子们设计活动，让伦敦未来的主人们了解自己的城市，解释政府、议会和市长都是干什么的，以及他们应该承担的责任。作为传统，英国人鼓励孩子们就自己感兴趣的问题提问，对青少年民主意识的启蒙就是从点点滴滴开始的。

出人意料的是，这座造价6500万英镑的大楼，因为经费原因，最终是政府出资修建，而作为"机关"，他们是以租借25年的方式使用，不知这会不会让中国那些财大气粗、盖高楼的政府部门笑掉大牙？据说现在因为经费紧张

新市政厅随视觉变化的内部空间

等原因，市政厅只能局部开放，要参观三楼以上的空间，需要等公共开放日，令人感到有些遗憾。

与伦敦行政概念稍显复杂一样，历史上，伦敦地区曾经有过三个"市政厅"。"大伦敦政府"的前身是 1889 年至 1965 年的"伦敦郡议会"[4] 和 1965 年至 1986 年行使权力的"大伦敦议会"[5]，他们的办公地点都是在泰晤士河南岸的"伦敦郡礼堂"，与著名的大本钟议会隔河相望，旁边就是摩天轮"伦敦眼"，到伦敦游览的人一定不会错过。

这座气势恢宏的建筑历时 11 年建成，1922 年 7 月 17 日投入使用，共 6 层高，现在已经改为休闲娱乐场所，底层是伦敦水族馆，上面则有画廊、伦敦电影博物馆、教育部门、五星级酒店等，还有家中国餐厅，与政治已经没什么关系。

相对于身处泰晤士河边，著名游览区附近的两座"市政厅"，置身老城核心的"伦敦城市政厅"就要清静很多，这幢中世纪风格的哥特式建筑历史悠久，建在罗马人竞技场的废墟上，作为办公机构使用已经有几百年。建筑局部可以追溯到 1411 年，因为一部分是石头构建的，躲过了 1666 年那场大火。

"市政厅"在各个时期不断加盖、翻修和毁坏中形成今天的样子，从不同材质和外立面就能感觉到它历经的风雨沧桑，因为具有历史价值，已经被列入文化遗产名录。这座老建筑，不仅继续用于行政用途，保留下来的中世纪巨大地下室、老图书馆和印刷室现在仍在使用，上世纪 90 年代增加了画廊、钟表匠博物馆向公众开放。

在英国，这类机构的英文称呼是"Guildhall"，如果直译是"同业公会大厅"，据考证，单词"guild"来自盎格鲁萨克逊人的用语"gild"，意思是"支付"，自然"Gild-hall"的意思就是"市民纳税的地方"。"伦敦城"的管理机构有个很特别的名称，叫做"伦敦城公司"⁶，它有三个工作目标，其中有两条与"服务"相关：促进城市成为世界领先的国际金融和贸易中心；为本地提供政府服务；为伦敦、伦敦人和国家的利益提供更大范围的服务。从最初征税的地方到现在提供服务的场所，从中不难看出政府职能的转变。

我曾经去过英国不少地方政府机构的所在地，它们一般不是城市中最为奢华的建筑，但往往是历史悠久的地标，更多体现的是开放式办公，为公众服务的理念，你尽可以在允许参观的公共区域随意走动、拍照，如果有问题，也会有工作人员为你解答。

除了作为行政用途以外，这些地方还会配套规模不等的剧场、图书馆、档案馆、画廊、展览厅、培训教室和餐厅等附属设施，提供教育、培训、咨询、图书、就业、婚庆和娱乐等服务，其实就是一个公共服务中心，不会因为是政府机关就高高在上，独享优美的环境和奢华的设施。

---

1. City of London。
2. Greater London。
3. Greater London Authority，简称 GLA。
4. London County Council，简称 LCC。
5. Greater London Council，简称 GLC。
6. City of London Corporation。

长高的天际线
The Ever-Rising Skyline

有人说伦敦天际线的长高是经济发展的需要，是各种建筑天才们寻找发挥空间和政治气候相结合的产物，那么，北京以及其他很多天际线正在"长高"的城市又何尝不是如此呢？

在英国，有很多建筑都出自一位名叫诺曼·福斯特的著名建筑师和他的设计事务所，穿过伦敦市中心的泰晤士河两岸可以说是他的建筑作品"天然展览走廊"，巨大的摩天轮"伦敦眼"、伦敦市政厅、以及隔河相望的"瑞士再保险总部大楼"都是他们的手笔。

从伦敦塔桥方向望去，泰晤士河北岸金融区冒出来的一座建筑很像一颗蓝色的子弹头，因为大楼的业主是瑞士再保险公司伦敦总部，所以又称为"瑞士再保险塔"，它正式的名字应该是"圣玛丽斧街30号"。不过，英国人用一贯的幽默调侃了一下这个大家伙，戏称其为"腌黄瓜"，或者"水晶阴茎"，而河对岸的伦敦市政厅则被称为"汉堡"，或者"玻璃睾丸"。

"腌黄瓜"的原址是"波罗的海贸易海运交易所"，1992年4月10日，爱尔兰共和军在老城区引爆了一颗炸弹，重创交易所和周围的建筑，并造成人员受伤。当时就是否修旧如旧，还是拆除重建，英国很多部门曾经持有不同意见。1995年，交易所最终还是被拆除，土地也被出售，这才有了后来"腌黄瓜"的建设。有意思的是，当时交易所是被炸弹破坏的，现在矗立在伦敦的新建筑更像是一枚巨型炸弹，极具戏剧性，也为人们提供了有趣的谈资。

在伦敦要找到"腌黄瓜"并不困难，穿过金融中心区古老的街道和建筑，"腌黄瓜"总能若隐若现地出现在前方，一路寻去，以传统建筑为前景和背景的玻璃塔楼总给人以不同的视觉冲击，当我迫不及待地走到塔下时，真的被螺旋上升的气势吸引住了。

这座高179.8米、40层的玻璃"巨无霸"是英国近年很具代表性的摩天大楼，2004年以其独特的设计击败了其他五个入选项目，获得英国皇家建筑师学会斯特林大奖[1]。它伫立在伦敦最古老的区域里，与周围的圣保罗大教堂等传统建筑形成巨大反差，开始建设时也引起了不小的争议，很像当年贝聿铭设计的玻璃"金字塔"之于卢浮宫和法国人保罗·安德鲁设计的国家大剧院"巨蛋"之于天安门广场一样，新旧建筑总会发生碰撞和冲突。

然而，看习惯后，人们似乎逐渐喜欢上了这个可爱的"大家伙"，当年评委会授予"腌黄瓜"大奖时的评价是："这座40层高、尖细的大楼早已经是伦敦天际线上一座受欢迎的地标，所以评委会要做的是从设施、周围环境和项目的基础表现等依据来做出评判。大楼的通道恰到好处，优雅迷人。顶部酒吧区较好地利用了楼体正面、地势和景观。它可以称得上21世纪伦敦街头最佳建筑之一。"

与河对岸的市政厅一样，"腌黄瓜"使用了很多节能招数，尽可能地利用自然条件采光和通风。大楼双层玻墙下配备有电脑控制的百叶窗；楼外安装有天气传感系统，可以监测气温、风速和光照强度，在必要时自动开启窗户引入新鲜空气，自然通风可以在很大程度上减少机械加热或制冷所消耗的能源。整栋楼的外形设计实现了室内采光率的最大化，同时保证了人们远眺时良好的视野。

像很多英国城市一样，首都伦敦的形成并没有经过规划，而是自己"成长"起来的。道路从中心呈带状发散，小路由主路分叉，并且相互连接，城市通过变革和适应不断扩展。从空中俯瞰伦敦，看到的是各种不规则形状的街区，不是圆盘形，不是方形，也不是长方形，但组织在一起则是有机体。

到过伦敦的人可能都有这样的感觉，与世界很多大都市相比，英国的首都并不算一座"很高"的城市，像"腌黄瓜"这样大体量的摩天楼没有想象中的

下 从这幅老圣保罗教堂的图画中就能看出它在伦敦的地位

上 圣保罗大教堂

多，反而是老建筑随处可见。这似乎与它在世界上的社会、政治、经济地位不相符合，那么这座城市独特的天际线是如何形成的呢？

说到伦敦天际线，有一座建筑不能不提，它就是英国国教的中心教堂——圣保罗大教堂。

圣保罗大教堂始建于公元 604 年，是哥特式建筑，高高的塔尖插入云霄，在伦敦城里大有一览众山小的气势，后来数次毁于火灾。现在屹立在伦敦老城区的宏伟建筑是在 1666 年那场著名大火之后由英国建筑师克里斯托弗·雷恩于 1669 年开始主持重建的，他在大火后先后主持了 51 座教堂的修建，其中最杰出的作品就是这座大教堂。

此建筑是世界上第二大的圆顶教堂，融合了巴洛克风格和原有的哥特式风格，尤其以壮观的圆形屋顶闻名，从中可以看到罗马圣彼得大教堂的影子，是英国古典主义建筑的代表。

伦敦人就像是约定俗成一样，很自觉地控制建筑房屋的高度，以体现对宗教的敬畏。直到 1874 年，一位名叫亨瑞·阿勒斯·汉基的人打破了"惯例"，他亲自设计，并且雇佣工人，花三年时间建盖了一座 14 层楼的大厦，高度超过 45 米。据说这一举动惹恼了维多利亚女王，因为新建筑遮挡她从白金汉宫眺望议会的视线。于是，自 1894 年开始，伦敦建筑的高度均被限制在 30 米以内，准确地说是 24 米左右的房屋高度，另外可以加上不超过 6 米的房顶造型。

还有一种说法是考虑到一旦发生火灾，30 米的建筑高度是当时消防云梯能够到达的极限，伦敦很多基础设施建设首先都是从防火安全开始的，这也是他们从历次惨痛的火灾中得到的教训。

随着城市的"长高"，消防设施与建筑高度之间的矛盾日益突出，2010 年 11 月 15 日下午发生在上海的火灾，后来经过分析，造成重大伤亡的原因之一就是这座中国大都市只有一台高度为 100 米的消防云梯，这样的消防配置对于钢筋混凝土堆砌起来的现代"城市森林"显然是力不从心的。100 多年前的伦敦人能在盖房子时就考虑到消防安全的问题，不知今天国内在争相破建筑高度纪录的时候，有没有想到这个潜在的危险该如何应对。

1962 年以前，无论是塔尖高 149 米、被焚毁的木质老教堂，还是现在穹顶高 111 米的圣保罗大教堂始终是伦敦天际线上最高的建筑，是这座城市高度的坐标，就连后来修建的议会塔楼和"大本钟"的高度都在其之下。当时，从伦敦的任何角度都能看到圣保罗大教堂"鹤立鸡群"的身影，从这座教堂的顶部也可以一览整座城市的风光。

然而，时代变了，天际线也不能一成不变，只是这种变化是很多势力和因素作用、博弈的结果，一方面是严格的规定，为的是维护圣保罗大教堂这座宗教圣地的中心和权威地位，一方面是诸如二战德国对伦敦长达 76 天不间断轰炸造成的影响和战后重塑，还有就是伦敦作为世界金融中心，在寸土寸金的核心区如何拓展商务空间，以保持其在世界金融业中的地位的需要。

1956 年，当时的"伦敦郡议会"开始考虑对历史形成的天际线控制实行灵活和谨慎的政策。如果说政府部门的低调与亲和，表现在建筑上是不显摆和不铺张浪费的话，那么商业机构似乎就没有这么多顾虑和约束，他们要的就是标新立异，此后，各种新建筑便逐渐在一点点突破规定和限高，逐渐形成了一次高潮。

伦敦第一座可以称为是"摩天楼"的建筑出现在 1966 年，名为"中心点"大楼，建设历时三年，高 117 米，34 层。此后，六幢高 100 至 120 米的摩天楼相继落成，第一次全面超过了附近的圣保罗大教堂，重构了伦敦的天际线。70 年代这一趋势得到延续，1979 年，历时八年建设的"塔楼 42"高达 183 米，直到 1990 年，伦敦东部金丝雀码头金融区的"第一加拿大广场"建成，突破了这一高度。

"第一加拿大广场"是目前英国最高的"全复合结构"建筑，50 层，235 米，别看它是英国之最，可是在世界高楼前 200 名的排名中却看不到它的身影。进入二十世纪 90 年代后，伦敦的摩天楼建设基本集中在金丝雀码头，只有置身这里，才能感受到一些"现代国际大都市"的气息和视觉冲击。

然而，近年来这种情况似乎有所改变，从泰晤士河南岸望去，在伦敦的老城区，围绕圣保罗大教堂周围有很多塔吊正在忙碌地运转着，随着"腌黄瓜"

伦敦有代表性的摩天楼（上左"中心点"，上右"塔楼42"，下左"第一加拿大广场"，下右"劳埃德大厦"）

2012 年以后，伦敦天际线的想象图

对伦敦老城区天际线的突破，一批高楼正在建设之中。其中 2012 年 3 月 30 日封顶、设计高度为 310 米的"伦敦桥塔楼"[2] 再次把伦敦建筑带向一个新高度，它的造型似一把锋利的冰锥，又被称为"玻璃尖"，将是英国，也是欧洲最高的多功能建筑，顶部的观景平台每年预计吸引 200 万参观者。

在"玻璃尖"四周还有很多工地在你追我赶，"腌黄瓜"周围也将崛起一批新的现代建筑。但即便是这样，伦敦目前近 1800 座高楼的数据与同为国际大都市的纽约 6000 座的"建筑森林"相比还是小巫见大巫，在高度方面更是与世界第一高楼的迪拜塔相去甚远。

英国人从 1966 年建成 117 米的"中心点"大楼到 2012 年落成的"欧洲第一高度"，用了差不多半个世纪，而迅速崛起的中国从没有一座超过 200 米的高楼，到现在拥有摩天大楼的数量与整个亚洲国家摩天大楼总和相当，只用了 20 年时间。300 米、400 米、500 米，甚至是 600 米以上的高楼在各个城市如雨后春笋般拔地而起，颇为壮观，把欧美强国远远地甩在了后面。

虽然今天在高楼林立、塔吊繁忙的伦敦核心区，圣保罗大教堂失去"第一高度"已经很多年了，但伦敦人仍在经济发展的需要和保留"历史天际线"之间挣扎、争论和徘徊，并无奈地一点点妥协和让步，然而那座宏伟的宗教建筑在人们心中的地位无可替代，它永远会被各种建筑簇拥在中心位置。

这让我想起了北京，故宫是中国首都的核心区域，如今，二十世纪 80 年代制定的旧城内建筑高度控制规定，几乎被全线突破，动力同样来自经济发展、人口增加，以至于北京现在就像一只大碗，"碗底"是紫禁城，"碗边"是还在三环外不断加高的摩天楼。有人说伦敦天际线的长高是经济发展的需要，是各种建筑天才们寻找发挥空间和政治气候相结合的产物，那么，北京以及其他很多天际线正在"长高"的城市又何尝不是如此呢？

英国著名的主持人戴维·丁布尔比曾制作过一部名为《我们怎么建设英国》的纪录片，在他的引领下，观众可以从过去上千年的历史建筑中看到一个国家的变迁，穿行于不列颠的建筑之中，戴维感慨英国没有一味发展高楼，而是保留下这么多记录过去岁月的老房子，"实在是太幸运了"。今天我们

乌云滚滚下的天际线

看到的这些伟大建筑传递着这样的信息：每个时代是谁在起主导作用，是什么力量造成了这种改变。

　　戴维在节目中说："通常只有那些富足的权力阶层能够用上好的材料建盖房屋，他们是入侵的诺曼人、是国王、是教会、是伊丽莎白一世女王周围的那些朝臣、是18世纪的富商、是19世纪的工业家和来自20世纪的全球金融和商业机构。今天'权力'掌握在他们手中，是他们立起了镶嵌玻璃、铝材、塑料和钢材的超级建筑，折射出的是他们称霸世界的宏图大志。"

　　人们最早定居在一个地方时，就好像开始在一张白纸上作画，只是有的人在不太好的纸上画出了经典的作品，他们的后人还在继续完善，让这张纸身价倍增；而有的人则白白糟蹋了好纸，如相声段子里说的，直到把一个白扇面涂成了黑扇面，辜负了老天爷赐予的碧水、蓝天、白云和宜人的气候。

----

1. 该奖项由英国皇家建筑师学会（RIBA）1996设立，以建筑师詹姆斯·斯特林（1926-1992）的名字命名，被认为是最负盛名的英国建筑奖。每年由英国皇家建筑师学会组织颁发，授予"在过去的一年内为英国建筑做出最伟大贡献的建筑师们"。

2. 此建筑为独立式塔楼结构，因为构造不同，在高楼排行榜上会有不同的排名。

从煤炭码头到城市明珠
From Black Coal to Bright Diamond

　　卡迪夫人没有停留在口号上，他们用一座座各具特色的建筑和出色的定位规划，真真实实地做到了。卡迪夫海湾改造促成了城市空间结构的调整，一改之前灰头土脸的印象，成为一张充满自信的城市名片。开发助推了一座城市的复兴之梦，为卡迪夫赢得了欧洲最年轻、最充满活力的首都的美誉。

　　威尔士位于大不列颠岛西南部，东界英格兰，西临圣乔治海峡，南面布里斯托尔海峡，北靠爱尔兰海，从伦敦乘大巴车需 3 个小时车程。作为英国的"西部"，威尔士在自然景致、风土民情及语言文化上都显得纯朴和充满乡土气息，这里拥有令人着迷的自然美景和变化万千的地理景观，几座国家自然公园更是让人流连忘返。威尔士历史悠久的凯尔特人有着丰富的民族音乐与诗歌，这被他们视为珍贵的文化遗产。

　　相对于联合王国中的英格兰、苏格兰和北爱尔兰，威尔士的知名度相对小些，这有经济、地域等原因。另外，现在的英国米字国旗只吸纳了英格兰的红十字、苏格兰的蓝底白叉和北爱尔兰的白底红叉组合，而没有威尔士国旗上最为典型的红色龙形图案，所以有不少威尔士人一直希望能把这一元素加进去，如果真是那样，英国国旗就该是另外一副模样了。

　　南威尔士峡谷盛产优质原煤，历史上是威尔士的主要产业，自 18 世纪中叶开始，这些"黑金"源源不断地通过卡迪夫海湾运往世界各地，使卡迪夫湾成为当时世界最大的原煤外运港口，历史纪录片中这里曾经是一片繁忙的景象，铺天盖地的煤炭布满了整个港口。

　　然而，第二次世界大战结束后，随着国际需求的减少和集装箱码头的兴起，原煤运输业在上世纪 60 年代基本停止。到 80 年代初，卡迪夫湾已处于废弃状态，大片滩地成为荒地，曾经风风火火的码头和搬运工人面临失业窘境，许多人生活无着，一派破败景象，特别是影像资料中那些低矮的住房和愁眉苦脸的表情给人留下深刻印象。

　　此后，英国政府开始实施旨在让衰落城区获得新生的城市全面开发计划，1987 年 4 月成立了"卡迪夫海湾发展公司"，对 1100 公顷被遗弃的港区进行改造，据说是当时欧洲规模第二大城区改造项目。其中一个重要先决条件是建设一条一公里长的大坝，将原来的盐碱地改造成为淡水湖，以达到改善景观环境，吸引投资的目的，堤坝于 2000 年建成。

　　在过去 20 多年中，投入卡迪夫湾开发的资金达到 24 亿英镑，其中约 80% 为私人资金，政府投入只占 20% 左右，这也是项目的最大特点之一；创造了 29000 个永久性工作岗位、6000 个居住单位和 54 公顷的开放空间。

　　改造项目于 1998 年基本完成，前后历时 11 年，城区和滨海区的有机结合，传统和现代的若即若离，各种设施的开发，为城市特别是原来居住在这里的工人阶层和他们的后代们提供了更多就业机会，生活、工作环境的改善，集住房、开放空间、商业、零售、休闲和工业于一体的开发让昔日的煤码头卡迪夫湾彻底变了模样，成为风光旖旎的休闲好去处。

　　除了硬件设施的建设外，2000 年 4 月 1 日成立的"卡迪夫港务局"还投资了 12 万英镑在盐碱滩上建立了一片 8 公顷的人工湿地，美化环境的同时，为各种鸟、鱼和其他动物，以及水生植物提供栖息之地。

　　改造项目围绕海湾在保留有特色历史建筑的同时，也新建设了不少风格各异的建筑，每一座从外形到内容都有可圈可点之处值得品味，"卡迪夫议会"便是其中之一。这座三层高的建筑，其特点可以用明亮的玻璃外立面、巨大的钢架屋顶、木质的天花板和缓缓延伸到水边的石材台阶来概括，不同的材质被设计者组接在一起。

上　卡迪夫老码头（摄影 BUSH）

下　湿地的绿色给现代化的海湾增添了自然气息

建筑师是这样阐述思路的：作为议会建筑要尽可能地开放和容易接近，不能是孤立和封闭的冰冷建筑，它应该有一个透明的外观，让人即可以从里面眺望卡迪夫海湾，同时还能审视议会的内部工作，鼓励公众参与到决策的过程中来。这样的设计思路在很多国家的议会有着不同的体现和版本，从形式上反应政府决策的公开和透明。

虽然看起来是座通透的大房子，但设计和建设时有很多具体的要求，比如首先就是使用寿命至少要 100 年，尽量采用威尔士本地原材料，运转过程中保持最少的能源消耗，使用可再生技术，做成个样板工程，而不是面子工程。在 2006 年 3 月投入使用后，一些统计数据说明议会建筑符合最初提出的基本要求，比如 36% 的材料和劳动力来自本地，使用的 1000 吨石板也是威尔士特有的。

整座建筑有 27 根管子插入地下 100 米，冬季来临时，抽取地下水，通过地热加温到 14 度，温水经石板下的管网流动到各个角落，保持室内适宜温度。反之，夏季时，同样的系统则起到降温作用；英国多雨气候也为收集雨水提供了可能，这些水被用于冲刷卫生间；光线通过如漏斗状的柱形结构从房顶被引入半地下的会议中心，自然采光均匀；因为大量采用节能环保技术，卡迪夫议会比同类没有使用这些技术的建筑节能 30% ~ 50%。

与我们很多地方最显眼的建筑是政府大楼或者银行不同的是，英国不少城市的地标建筑都是文化设施，议会旁的威尔士"千禧年中心"就是其中之一。最初动议修建艺术中心时，整体设计是通过两轮国际竞赛，从 268 个方案中产生的，设计师为伊拉克籍的扎哈·哈迪德，她设想完全使用玻璃材质包裹整个剧场。但这一创意显然太过于大胆和前卫，让当时投资建设的机构负责人产生了动摇，不得不采取折中办法，让哈迪德联合之前设计伦敦市中心被称为"小黄瓜"的"瑞士再保险"大楼的"诺曼·弗斯特"等著名建筑设计机构共同修改方案。遗憾的是，因为项目和资金等原因，几经折腾后还是没能进入施工阶段。

直到 1998 年，艺术中心的建设才又重新启动，威尔士本土设计师乔纳森·亚当斯拿出了最终付诸实施的设计图纸，名为"千禧年中心"，于 2002 年 2 月 25 日正式动工。与此前建好的议会一样，这座艺术场馆也希望能体现出"威

上　卡迪夫议会内景　　下　卡迪夫海湾的建筑

尔士精神"，最直接的手段便是使用当地特有的材质，比如石板、金属、木材和玻璃。

威尔士北部的石板很有特点，采集自不同地区，呈现出不同的色彩，有紫色、蓝色、绿色、灰色和黑色，这些漂亮的石材主要用在艺术中心内部和正面两侧的装饰。在设计师眼中，出产彩色石料的悬崖峭壁本身就像是一座建筑，它们经年累月地经受恶劣气候的考验，时间越长久的，看起来越漂亮。经过人工重新组合后，石材以另外的方式组合在一起，体现出自然质朴的风格和人类的智慧。

中心最吸引人的应该算是散发着古铜色光辉的巨大屋顶，犹如悬崖峭壁般让人觉得自己的渺小，它的张扬和霸气甚至让很多人忽略了两侧的彩石墙壁，如果说石材体现的是卡迪夫的自然，那么中间的金属板则透着浓重的工业气息。考虑到卡迪夫海湾潮湿、含盐分的气候特点和防水功能，设计师舍弃了容易生锈变色的铜和铝材，而是使用来自威尔士南部的钢材，经过一氧化二铜镀膜处理后覆盖外立面，让整座新建筑一亮相就带有了沧桑的韵味和厚重。

建筑外立面的装饰很简单，也很独特，就三排文字，其中每个巨大字母观者都认识，但是连起来则内藏玄机，不仔细琢磨完全不知所云，这让初次走近建筑的人们有了第一项有趣的互动活动，那就是仰望文字，并且解读上面写的是什么意思？

原来，三行文字呈梯形嵌入了两句诗，分开排列是这样的：

Creu Gwir   In These Stones

Fel Gwydr   Horizons

O Ffwrnais Awen   Sing

左边是威尔士语"Creu Gwir Fel Gwydr O Ffwrnais Awen"，大意为"创造真理就像从灵感熔炉里冶炼玻璃"，右边是英语"In These Stones Horizons Sing"，意思是"在这些石头的世界中歌唱"。从历史上看，是罗马人统治时期把基督教传入不列颠岛，也带来在石头上镌刻的风俗，这个创作灵感就来自于罗马的经典建筑，在外立面上设置三排文字是对传统的现代诠释，同时也是对罗马文化在这片土地上的影响的一种认可。

"我们很幸运有两种文字，一种是和半个世界分享的英语，另一个是只属于我们自己的威尔士语。在歌曲、故事和诗篇中的文字让我们为这个国家感到自豪。"设计师这样表述他的创意，用诗歌妆点门面也符合威尔士人的气质，这是一个盛产诗歌的地方。

两句诗的作者是威尔士著名诗人，首届威尔士国家诗歌大奖获得者格威妮丝·路易斯，这是她专门为艺术中心"量身定做"的，"我想找到折射建筑的文字，镀铜的屋顶让我想起了威尔士工业的熔炉和大锅炉，前辈的诗人曾经说过要从人民和社会中寻找诗歌创作的灵感，"格威妮丝这样解释威尔士语的诗句。

诗人没有把这句用威尔士语写就的诗句简单翻译成英语，而是将目光投向了那些漂亮的石板，她觉得无论是语言，还是建材都应该传递不同信息。"外立面的石板让我想起海平面，卡迪夫透过大海输出了自己最好的物产，世界也是通过大海走进卡迪夫的。艺术中心里的石头则和着歌剧、音乐和交响乐一起歌唱，我想传递一种被音乐艺术塑造的国际空间感觉。"每一片石板在她眼中似乎都是一条地平线，与音乐产生共鸣，诗人的想象力在这段自述中可见一斑。

建筑师夸张、大胆地运用诗歌除了在正面创造一个独一无二的大屋顶，两种语言组合在一起构成图案之美外，每个字母还是艺术中心的窗口，给内部空间采光提供了通道，每一层的内部因为字母形状不同，产生了不同的装饰和光影效果，通透而富于变化。每当夜幕降临，剧场内的灯光和走动的人影透过字母影影绰绰，让整座建筑犹如一个天外飞碟般笼罩在神秘氛围之中。

作为国家级艺术场所，中心常年上演戏剧、芭蕾、舞蹈、戏剧和音乐会，是英国皇家巴黎舞团等八个知名艺术团体的指定演出地点。主剧场能容纳1897名观众，两座小剧场是BBC的霍迪诺特礼堂和韦斯顿演播室剧场，分别能容纳350和250名观众。

唐纳德·戈登主剧场以捐助者、拥有南非和英国双重国籍的商人唐纳德·戈登的名字命名，他为中心的建设提供了2亿英镑资助，这是英国为艺术事业捐

上　『千禧年中心』晚间灯光效果犹如天外飞船

中　『千禧年中心』大厅免费音乐会

下左　『千禧年中心』标志

下右　『千禧年中心』内景，主要用木材装饰

左上　金丝雀金融中心　左下　曼切斯特科技和工业博物馆
右上　布里斯托尔码头　右下　利物浦船坞

出的单笔数额最高捐款。剧场采用欧式风格，楼厅和两侧的包厢都是用木材装饰，做成波浪状，很有气势，和不远处的议会建筑异曲同工，不仅色彩柔和，同时还起到很好的吸音作用。

无论你是建筑参观者，还是观看演出的观众，从走近千禧年中心开始就一直被艺术氛围包围着，建筑家凝固的艺术、诗人天马行空的艺术、小型免费音乐会休闲的艺术、舞台上华丽的艺术……这里有柔和如波浪的木头、多彩而层层叠叠的石板、坚硬但散发着优雅气质的钢板，还有镂空的硕大英文字母，这就是威尔士人用他们的文化和传统，以及特有物产构建的艺术世界。

如果套用我们经常在中国城市看到的标语口号和豪言壮语来阐述卡迪夫湾的开发目标，那就是：将卡迪夫发展成为世界上最佳的滨海城市之一；提高和强化卡迪夫乃至整个威尔士的形象和经济水平；促成卡迪夫城市中心走向滨水区！

舒适的海滨生活总是闲散的，心态也很平和。英国心理学家理查德·怀斯曼曾经做过一个实验，在 32 个国家和地区各选一座主要大城市，测量人们在 21 世纪的步行速度，以此来判断不同城市人们的生活节奏。实验的具体做法是在繁华的大街上，找一个宽阔的、平坦的和没有任何障碍物的人行道，并且不能太拥挤，人们可以在上面阔步前行。在当地时间上午 11 点半和下午 2 点半之间，实验人员记录下男士和女士各 35 名走过这条 60 英尺长的人行道所花费的时间。

结果显示，在英国各大城市中，伦敦人的步伐最快，为 12.17 秒，最慢的是卡迪夫人，为 16.81 秒。也就是说，如果从苏格兰最北边的约翰奥格罗茨走到英格兰西南端的兰兹角，874 公里的路程，伦敦人需要 11 天，而卡迪夫人则要 15 天，他们很享受现在拥有的新形象和惬意生活。

因为传统工业和产业的衰落，英国各地一些曾经红火的车站、码头、港口和工厂都归于沉寂，尊重传统的英国人不是简单地一拆了之，而是在开发利用这些资源方面动了不少脑筋。在保留原有建筑和特色的基础上，把火车站改为工业博物馆、热电厂辟为展览馆、仓库转型为时尚艺术区、港口码头重建为休闲娱乐餐饮区，塔吊、轮船、热电房、机车头、站台、车间经过改头换面，变得别有韵味，成为城市的亮点和经济增长点。

中国不少地方也在进行城市改造，这本是件好事，但成功的例子却不多见，我们看到的往往是为了经济利益，打着商业开发旗号，不顾当地老百姓的切身利益和城市街区的历史文化风貌，以所谓的"维修性拆除"口号，盲目、野蛮地强拆老建筑、老街区，为的却是在原地重建仿古建筑群，制造各种垃圾伪文物。新建项目往往是建得草率，拆得随意，因为缺乏长远规划和历史文化氛围显得不古不今，不伦不类，千篇一律，而原有城市面目全非，甚至消失，造成不可挽回的损失。

卡迪夫海湾改造项目用一座座各具特色的建筑和出色的定位规划促成了城市空间结构的调整，一改之前灰头土脸的印象，成为一张充满自信的城市名片，开发助推了一座城市的复兴之梦，为卡迪夫赢得了欧洲最年轻、最充满活力的首都的美誉。

探索世界的知识
Explore the World's Knowledge

> 很难说清楚是爱读书的英国人造就了这么多图书馆，还是因为有了这么多图书馆，培养了公众的读书习惯。总之，读书已经成为英国人生活中很重要的一个部分，各种规模的图书馆随处可见，犹如空气般让你呼吸着书香，畅游在知识的海洋。

我的一个朋友因为写论文遇到问题，发邮件给导师想预约当面请教，教授回信说，他忙于著书，近期不去学校，问学生是否愿意到位于圣潘克勒斯火车站旁的英国图书馆见面。那里是很多学者、教授的主要工作地点之一，他们选择在此笔耕，一本又一本地著书立说。

这是朋友第一次去传说中的"大英图书馆"，回来后兴奋地告诉我：在世界顶级的图书馆和导师探讨论文感觉很不错！而且还是导师掏钱请她喝咖啡。在严谨的教授看来，老师和学生讨论问题时尽管只是喝一杯咖啡，如果由学生埋单，老师就有"受贿"的嫌疑，为了学术的严谨和自身清白，学者们当然不会这样做。

英国图书馆是世界上规模最大的图书馆之一，作为一座"法定收藏"的图书馆，读者能找到英国和爱尔兰出版的所有图书，以及在英国发行的所有外国图书。在英伦三岛上，这类图书馆只有六家，其余五家分别是牛津大学的"博德利图书馆"、剑桥大学的"大学图书馆"、都柏林的"三一学院图书馆"、苏格兰和威尔士的国家图书馆。

目前英国图书馆藏书有两千五百万册，各类出版物收藏达一亿五千万件，包括图书、刊物、报纸、杂志、音像品、专利、数据库、地图、邮票、印刷品和绘画等，这一数字还在以每年三百万件的速度增长，所以他们可以很自豪和自信地说读者是"探索世界的知识"，坐拥这座"世界知识海洋"，能找到几乎所有需要的参考资料。不过，因为是"研究型"图书馆，只能在阅览室里看，而不能把书带回家，所以，大大小小的阅览室从来不会显得冷清，特别是假期更是座无虚席。

1973 年以前，英国图书馆是大英博物馆的一部分，当时的主要建筑就是现在位于博物馆正中的圆形阅览室，置身 360 度的大厅和巨大的穹顶下，被三、四层楼高的图书环抱，看书似乎被赋予了一种神圣的仪式感。建设阅览室的想法起源于 19 世纪 50 年代，当时博物馆的图书馆急需一个大阅览室以满足读者

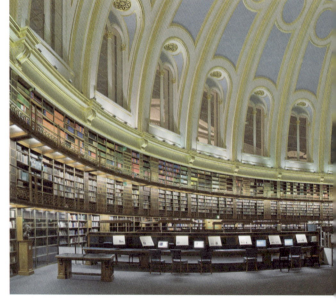

左　英国图书馆的大门
右　英国图书馆老阅览室全景
（图片来源：Wiki）

需求，有人就提议利用博物馆四面围合式院子的中部空间修建一座圆形建筑。

设计师悉尼·斯默克（1798—1877）承担了这项工作，工程于 1854 年开工，历时三年完成，1857 年 5 月 2 日正式开放，据记载，5 月 8 日至 16 日公众参观日期间，一共有 62000 名参观者涌入这个别致的宫殿式阅览室，它从此作为英国图书馆阅览室使用了 140 年。

阅览室采用当时很先进的技术建造，运用钢铁框架、混凝土和玻璃等材质，即稳固，又防火，这对博物馆和图书馆都很重要。建筑外型为圆形，直径 140 英尺，约合 42.6 米，穹顶是古罗马传统万神殿式样，气势非凡。内侧墙壁分为三层，有环形走廊，放置的是密密麻麻的书架，整齐码放着历史、艺术、旅游，以及与博物馆收藏相关的图书，书架总长 4.8 公里，而总层数的长度加起来达到 40 公里。

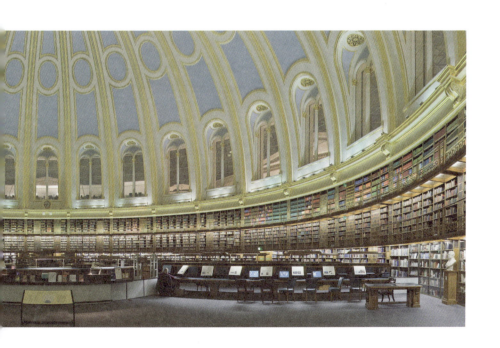

拥有偌大空间的阅览室，却只有一道窄窄的门，估计建筑师就是要给读者豁然开朗、进而目瞪口呆的感觉。我第一次进去时，真是吃惊不小，顶天立地的书架承载着的无数书籍，向上延伸的穹顶，被浓浓文化氛围包裹的感觉只有置身其中，才能真切体会到。

刚建成时，进馆阅读需要提交书面申请，并由图书馆馆长签发"读者券"。众多读者中有我们熟悉的哲学家、社会学家卡尔·马克思，现在有很多中国游客就是为了寻找他的那双传说中的脚印而来；政治家弗拉基米尔·伊里奇·列宁也是常客，他使用的登记名是雅各布·李切；还有印度圣雄甘地、小说家和调查新闻的开先河者查尔斯·狄更斯、爱尔兰戏剧家萧伯纳、美国喜剧作家马克·吐温等等大名鼎鼎的人物。

虽然设计独特，单体空间巨大，但随着收藏量的增加，圆形阅览室已经无法承担国家图书馆的需求，新址于 1962 年开始规划、设计和筹建，在跨越了 35 年政治纷争、预算超支和设计方案数次变更后，1997 年才正式启用。巨大的红色建筑被认为是 20 世纪英国最大的公共建筑，颇具争议的外形设计曾遭到评论家们的口诛笔伐，他们指责图书馆的墙面平淡无奇，没有丝毫装饰，和旁边的圣潘克勒斯火车站华丽的建筑反差鲜明，就连王储查尔斯也凑热闹说：新的图书馆就像一座秘密警察培训学校。

伦敦与西方很多大都市的最大不同就在于，它没有一味地往高空发展，不是一座"与天比高的巨人型城市"，大多都是低层连体建筑和体量不大的楼房，有人夸张地说改变伦敦的天际线甚至可能会引发一场政治风波，所以在建设新图书馆时也不能不考虑这个因素，如何在"限高"和海量的存储能力之间找到平衡，是设计者面对的一道难题。

最后，建筑师设计了一个如足球场般大小的八层地下空间，用于储存大部分藏书，这一设计让建设项目耗资巨大，高达八亿美元。不过从长远看花得很值得，因为书籍和葡萄酒一样，储存于地下时，温度和湿度的控制都比在地面上更容易，还可避免日照和由于季节变化带来的温度改变的影响。但即便拥有如此巨大的存储量，英国图书馆也还有不少收藏因为场地不够，只好存放在其

英国图书馆内景

他地方，再大的地方也有容纳不下迅速增长的"文明"的时候。

如大英博物馆中有一个圆形阅览室一样，英国图书馆新馆中间也设计了一座六层楼高的方形茶色玻璃塔，这是专为乔治三世国王在 1763 年至 1820 年间收藏的 65000 件印刷品设置的，所有的图书书脊冲外，深色玻璃和书架间仅有很窄的通道供取书用。这样的设计，既有实用功能，也有装饰效果，可谓是馆中之馆，从外面看，是一座不折不扣的"书塔"。

虽然图书馆规格很高，但要成为它的读者，门槛却很低，只要能证明自己是当地居民，有固定住址，并且是"出于研究目的"，就可以申请一张形状像信用卡的"读者证"。过程不复杂，在电脑上输入个人信息，然后等待工作人员叫号、拍照和面谈，回答几个简单问题后，就能拿到"大英图书馆"的通行证，前后就十几分钟。作为图书馆的读者，定期可以收到电子邮件，预告各种各样的展览、学术讲座和为不同读者举办的专题活动，内容足够丰富多彩，只会担心自己抽不出时间去参加。

和申请过程简单快捷相反的是，使用图书馆的"规矩"却很多，墙上的示意图清楚地标明了"几要几不要"，要出示读者证，阅读前要洗手，阅览室里只能使用铅笔；要关闭电脑和手机的声音；外套、雨伞、书包、钢笔、荧光笔、剪刀等工具，食品和瓶装水都不能带入，拍照也是禁止的，当然图书馆也准备了自动储物柜和存衣处供读者使用。

类似规定从图书馆在英国出现初期就有了，那时识字是一种特权，而书籍则被认为是特殊资源被严加管理，牛津大学有一座英国最古老的图书馆，里面的书籍甚至用铁链子上了锁，重要程度由此可见一斑。而今天的规定则是为了保护图书不被污损，给读者创造一个清洁、安静的阅读环境。

除了规模超大的国家图书馆外，社区周围一般都有中小型社区图书馆，服务质量并不因规模的缩小而打折。在我曾经居住的几个地方往不同方向走就有多座图书馆，他们属于同一个区政府，只需要办一张读者证，手续简单快捷，填一张表格便立等可取，然后可以在辖区内的图书馆通借通还。相比国家图书馆和大学图书馆，这些社区图书馆显得更贴近居民，工作人员多为中老年妇女

上　英国图书馆公共阅读区和餐厅（图片来源：Wiki）
下　英国图书馆全景，旁边就是著名的圣潘克勒斯车站

和残障人士，这里为他们提供力所能及的工作岗位。

社区图书馆一般都专门设置有儿童活动区，用具的尺寸都是小号的；还有为视力不好的人准备的大字书；图书的类型多种多样，有政治、经济、文化和居家等等；爱好电影、电视和音乐的读者可以找到自己喜欢的 CD 和 DVD。一些孩子放学后会选择来这里做作业，不同文化背景的读者也能找到自己想要的东西，其中的中文图书就"解救"了不少随子女生活在伦敦、但是又不懂英语的中国老人们的"命"，为他们闭塞的生活打开了一扇熟悉的窗口，成了经常光顾的地方。

在图书馆里可以免费使用电脑，为很多家里没有安装宽带互联网的人提供方便。我的一位当地朋友就每周两次去家门口的社区图书馆收发电子邮件，顺便借书和还书。不去学校的日子里，我也会每天散步到图书馆，看看当天的《卫报》、《泰晤士报》和《独立报》等英国主要报纸，偶尔也翻翻西餐、甜点和旅游等闲书换换脑筋。这些图书馆还承担着社区信息中心的任务，来自政府文化、教育、卫生、法律、艺术、旅游部门和各种民间社团活动的信息都会以小折页和宣传单的形式汇集在此，供人们挑选。

有一次因为外出没有及时还书，超过了一周，按规定是要被罚款的。我试着向图书管理员说明原因，这位大姐认真听完解释后，让我填了一张表，然后告诉我没事啦，并且抱歉地说，应该及时通过邮件提醒我到图书馆网站办理"在线续借"手续，这样就不用为耽误还书烦恼了。明明是读者的疏忽，给他们的工作添了麻烦，但是他们却觉得是自己服务没到位，这种信任和理解的氛围不能不让人喜欢。

时间久了，我积攒了一堆不同图书馆的读者卡，走到哪里都可以借书，都可以用图书馆里的电脑收发邮件，充分体会到公共服务的好处。为了表达谢意，我曾经把一本中文版的牛津词典捐献给离家最近、也是最经常去的那家社区图书馆，希望对其他读者有帮助。

据说英国是世界上人均读书最多的国家，人均读报量也高于其他国家，无论是地铁里、公车上都能看到埋头阅读的人。有人解读为英国人不愿意在公共场合与人交流而采取的一种回避的办法，但是回避交流可以有很多方式，他们却选择了读书。行走在英国的大街小巷，透过路边一扇扇没有遮拦的窗户，最显眼的可能就是起居室里一排排的书架和上面码放的图书了。暖暖的灯光下，安静地坐在单人沙发上读书的背影是英国人恬静生活的一个缩影。

据统计，2009 年英国有公共图书馆 4517 座，学术图书馆 979 座，国家图书馆 6 座，投入图书馆的经费超过 11 亿英镑，这些数据还不包括企业、学校和各种机构自己设立的图书馆。这一年英国人口数是 6138 万，公共图书馆注册使用者有 3560 万，也就是说 100 个英国人中就有 58 人持有图书馆借阅卡。英国人每年平均去图书馆 5.3 次，总数超过三亿两千万次，学生则平均每年要去 67.6 次图书馆。

借阅量最大的十座公共图书馆		
图书馆	**所属行政区**	**2008-09 年度总借阅量**
诺福克和诺维奇千禧年图书馆	诺福克	1,124,233
切姆斯福德图书馆	艾塞克斯	740,927
米尔顿·凯恩斯中心图书馆	米尔顿·凯恩斯	684,669
牛津中心图书馆	牛津郡	670,650
切斯特菲尔德图书馆	德比郡	615,230
索森德图书馆	索森德	604,699
中心图书馆	考文垂	600,356
朱比利图书馆	布莱顿和霍夫	579,012
伯明翰中心图书馆	伯明翰	568,640
斯旺西中心图书馆	斯旺西	565,876

（数据来源：CIPFAc）

一个有意思的现象是，在众多图书馆中，最繁忙、使用率最高的是位于英格兰东部海岸诺福克的"诺福克和诺维奇千禧年图书馆"，2008-2009 年借阅量

上　牛津大学博德利图书馆
下　社区图书馆

超过 112 万册，而这里的人口只有 85 万。前十名中，除了排名第九的伯明翰是英国人口第二大城市外，其他都不是大地方。从这些量化的数据我们不难看出英国人爱读书确实名不虚传，在民间有着深厚的基础。更重要的是，儿童和学生的借阅量占很大比例，从小培养爱读书的习惯，营造了良好氛围和传统，代代相传，发扬光大，一个爱读书的民族就是这样形成的。

然而，进入 2011 年后，英国各地打算削减图书馆、公厕、休闲中心和游泳池等公共设施的消息不断见诸报端。据测算，在下一个财政年度，如果这些措施得以实施，将会节省一亿一千万英镑，不过，毫无悬念地引起了公众的反对。学术之城牛津也没能例外，《牛津时报》报道，牛津郡议会计划削减对 20 至 43 座公共图书馆的支持，以节省 200 万英镑的开支，代价是读者不如以前方便，而且很多人会因此失去工作机会。地方议会的领导基思·米切尔说："人们会有别的办法的，但是这笔钱能让我们有更多喘息的空间。"

1 月，中国春节前，我收到了一张写有"夏镇图书馆将要关闭"的宣传单，通知大家到一所小学的礼堂集会，讨论如何挽救附近一座社区图书馆，它是牛津众多可能面临削减的图书馆中的一座，距离我的住所不到 300 米。

当地很多知名作家也加入了名为"拯救图书馆"的活动，一位畅销书作家说："图书馆是为数不多的能够向所有人开放的地方，无论你是无家可归者，还是拉丁语的教授。"基思·米切尔回应大家的要求时说："我欢迎大家支持我们的图书馆，希望能把这种支持变成让它们继续运转，同时我们又不用再继续资助。"

5 个月后传来好消息，在大家坚持不懈地努力下，牛津郡计划砍掉的公共图书馆都保留了下来，需要解决的问题就是有更多的志愿者利用业余时间为读者服务，以减少工作人员的开支。很难说清楚是爱读书的英国人造就了这么多图书馆，还是因为有了这么多图书馆，培养了公众的读书习惯。总之，读书已经成为英国人生活中很重要的一个部分，各种规模的图书馆随处可见，犹如空气般让你呼吸着书香，畅游在知识的海洋。

公众的免费课堂
Free Museums for Public

英国人选择继续走下去，这意味着国家对博物馆有更多投入，以更好地发挥它的教育功能。人们对一座城市和这个国家有更多了解，意味着政府要制定更优惠的政策让博物馆增加收入，意味着公众得到更多受益，一些孩子们可能由此成为未来的科学家、历史学家、画家和作家。

曾经获得诺贝尔文学奖提名的法国作家马尔罗认为，在近现代只有英国人像罗马人一样培养出一个既不是贵族，也不是中世纪骑士的精英阶层——绅士，而公学是这一特殊阶层的摇篮。所谓"公学"，其实指的是以培养学生成为政府"公职"人员为主要目的的私立寄宿学校，既然是私立学校，就不是一般人能上得起和有权利上的，所以人们也习惯称这种学校为"贵族学校"。

我在伦敦的住所附近有一座小山丘名叫"山上的哈罗"，与伊顿公学齐名的哈罗公学就在此。17世纪时，英国有九所著名"公学"，其中伊顿公学和哈罗公学名列前茅。哈罗公学校区分布在整座山头，各种设施一样俱全，我散步时喜欢四处溜达，和身着燕尾服、头戴圆型礼帽的小绅士们聊几句，去电影《哈利·波特》外景地的沃恩图书馆[1]坐坐，在学校专用的足球场和高尔夫球场边看孩子们踢球和挥动球杆。

一天，走到一座看上去不起眼，但有些年头的小楼前，门上一块牌子写着"哈罗公学博物馆，开放时间：每周日下午13：00至16：00"，这所名校的博物馆是什么样子呢？怀着好奇心，按照开放时间再次来到小楼，刚好碰到一位老者停车开门，寒暄后才知道原来他就是博物馆的管理员，也是这所学校的退休教师。老人告诉我，他和妻子共同管理博物馆，每周义务工作一天，在简单介绍了情况后，老人就让我自便了。

说是博物馆，面积其实也就 200 平米左右，相当于一个校史展，收集了不少教案、作业、奖章、教学用具、学习用品和图片。在这座微型博物馆里，能看到英国前首相温斯顿·丘吉尔的照片，而从这所学校走出去，最终成为英国首相的有七个人。也有很多外国政要曾经在这里就读，比如印度第一任总理尼赫鲁、约旦国王侯赛因等，都是这所学校的"杰出校友"，贵族出身的诗人劳德·拜伦也在这里留下了身影。

哈罗公学博物馆里不仅有照片、图片，还有实物展示，有趣的是两间学生宿舍展示，室内用品全部都是"原件"。一间宿舍把参观者带回 18 世纪一个寒冷的冬天，学生在昏暗的烛光下看书学习，旁边放着取暖用的炉子；另一间则是现代的，一个阳光男孩正在电脑上冲浪，足不出户畅游世界，墙上贴着贝克汉姆的海报，地上放的是足球和滑板。不用文字介绍，转身之间，几百年的跨越，形象而生动。

博物馆虽然不大，但仍然制作了供参观者选购的纪念品，包括印有学校徽章的 T 恤衫、马克杯和文具，还有介绍学校历史的图书。在重视传统和历史传承的英国，像这样的小博物馆不计其数，仅英格兰就有 1500 多座具有一定规模的博物馆，而在伦敦，列入政府旅游推荐名单的博物馆达 240 多家，其中有国立的，也有私人的收藏，展出的内容涵盖社会的方方面面，无奇不有。

记得第一次在伦敦"暴走"，行至市中心的摄政公园，碰到一位长相和打扮貌似《哈利·波特》中鲁伯·海格的大哥，结实的身材、浓密的头发和胡须，穿着宽大的外套、性格豪爽。当他得知我想找个"有意思的地方"参观时，强烈推荐附近的一家博物馆，并且强调是免费的，因为担心我找不到，他和同行的朋友执意绕道送我过去。

一路上"海格"滔滔不绝地介绍沿途的建筑和历史，甚至还领我进了一

家自己经常光顾的二手书店，向老板引荐我这位刚刚认识不过十几分钟的新朋友。向导大哥其实是加拿大人，只是在伦敦生活久了，把自己也当成了伦敦人，为这座城市的历史和文化自豪。

最终我们来到了一座大宅子前，热心人与我挥手告别，还意犹未尽地说：好好享受吧！此前因为听说要去的博物馆是免费的，凭过去的生活经验臆断，免费的地方不会有什么好东西，也就没抱很大期望，结果发现这座私人博物馆中陈列的展品大大出乎我的意料。

25 个展厅里面收藏了 15 至 19 世纪各个时期的盔甲、冷兵器、伦勃朗及其他大师的油画真迹，还有很多珠宝、雕塑和装饰艺术品，其中尤以 18 世纪的法国收藏最多。荷兰 17 世纪著名画家佛兰斯·哈尔斯的名作《微笑骑士》似乎是博物馆的"镇馆之宝"和"形象代言人"，画家对人物服饰的刻画和"骑士"微妙的眼神令参观者过目不忘。

博物馆后部是一座花园，主人用玻璃顶棚覆盖，改造成典雅的餐厅，既方便参观者休息和用餐，也是这类免费艺术场所的"创收"手段之一，生意都挺不错。地下一层的陈列室里摆放着供人们体验用的盔甲，我好奇地动手穿了起来，盔甲很重，加上不熟练，显得很笨拙，这时一位刚好经过的女管理员停了下来，很认真地教我如何穿戴，并主动帮我拍照片，那股热情劲儿，似乎不是她在为我服务，而是感谢我体验和接触他们的文化。

走出体验室，顺着路牌来到报告厅，一个讲座刚刚开始，介绍的是馆藏的伦勃朗油画赏析和如何鉴别真伪。我找了个中间位置，坐在舒适的沙发上，被柔和的光线和悦耳的音响包围，既休息了又长了见识，等再次回到展厅看作品时，有茅塞顿开之感。放下走马观花的浮躁，半天的静心参观受益颇多，那么这样一个藏品众多、活动丰富、服务热情的地方为什么是免费开放的呢？

原来这是世界著名的私人博物馆——"华莱士收藏"，25 个展厅以15-19 世纪的绘画和装饰艺术品为主，特别是法国 18 世纪的绘画、家具、兵器、盔甲、瓷器和大师的画作。博物馆始于 1897 年，由长期居住在巴黎的理查德侯爵（1800-1870）创立，他一生未婚，在伦敦拥有的房产就是现在作为

博物馆里的孩子们

博物馆使用的"曼切斯特大楼",三层高的房子建于1776-1788年间,在成为博物馆前,曾经先后作为西班牙和法国的大使馆馆舍使用。

1871年3月18日,巴黎人民举行武装起义,成立巴黎公社,法国处于动荡之中。此时,理查德侯爵刚刚去世不久,他的私生子理查德·华莱士(1818-1890)继承了在巴黎的所有收藏和伦敦的房产,为保险起见,他把前辈苦心收集的"宝贝"转移到伦敦,还用祖辈的封号给房子起了个新名字"赫特福德大楼",以示敬意。不过,当时房子的规模不足以装下这些从英吉利海峡对岸过来的珍宝,后来又进行了扩建,成了今天的模样。

华莱士去世后,他的妻子把所有收藏共5500件,连同房子全部捐献给国家。条件只有一个,那就是一件藏品都不能离开这座大楼,甚至连临时租借出去展览都不行,也不能与其他的收藏品混在一起,要保留原汁原味的"华莱士风格"。1900年6月22日,以"华莱士"命名的博物馆正式对公众免费开放,至今已有110多年历史,别看只是一座楼,在伦敦博物馆游客排名中却名列第11位。

其实,在伦敦免费开放的重量级博物馆不止这一家。2001年12月1日,是个历史性的日子,英国最重要的13座博物馆同时向公众免费开放,这是1997年时任英国首相布莱尔领导的新工党进驻唐宁街后实行的新政府文化政策的一项核心内容,工党兑现了竞选时的承诺,推动这一举措实现的艺术基金慈善组织主任戴维·卜里说:"我们期待着参观者人数迅速增加。"

事实也如他所料,博物馆大门免费向公众敞开赢得了一片叫好声,维多利亚和阿尔伯特博物馆一周内参观者从两万人迅猛增加到五万三千人,科技博物馆的参观人数也上升了120%。2007年的一次统计显示,13座博物馆免费开放六年后,额外有三千万人看到了这些人类历史上伟大的艺术和文化收藏品。

现在伦敦免费开放的博物馆主要有泰特现代艺术、英国博物馆、国家画廊、科学博物馆、维多利亚和阿尔伯特博物馆、国家海事博物馆、国家人像画廊、帝国战争博物馆、华莱士收藏、伦敦博物馆、格林尼治观测站等,免

伦敦维多利亚和阿尔伯特博物馆的开放式修复车间，游客可以直接从二楼看到下面的工作情况

费开放最大的受益者是游客、儿童和学生。

旅行社很乐意带游客到这些既有品位，又可以"免单"的地方参观。要知道，仅第一批免费开放的博物馆就可以为每个喜欢历史、文化的成年人节省 73.85 英镑的门票。如果说博物馆中的藏品是人类共有的财富，那么此前因为要购门票从没有进过博物馆的人，现在就有机会去看看"属于他们自己的财富"了。

博物馆的参观者中，孩子是很重要的一个部分，家长会利用节假日带孩子去博物馆，有的甚至只是在小推车里的婴儿和不懂事的幼儿，在他们眼中，这个伴随自己长大的地方就是另外一个游戏场所。

英国各地的博物馆都设有"学习室"，是孩子们的第二课堂，有不少课程规定学校是要到博物馆里去完成的，所以我们能在自然历史博物馆里看到孩子们辨识动植物标本，在艺术博物馆里见到学生们拿着画板临摹名画，在科技博物馆里碰到正在动手用纸板制作齿轮和传动装置的活动。孩子们从小就很习惯跟着老师到异地的博物馆参观，开展带有旅游性质的学习活动。

除了接受孩子们前来参观，一些博物馆还承担租借"教具"的职责。他们按照历史、地理等课程的内容搭配相关的文物和展品，放置在特制的手提铝合金箱子里，提供给学校教学之用，每年只收取很少的租金，用完归还，平时就整齐地码放在库房里。这样即最大限度地发挥了收藏品的价值，让孩子们看到"真品"，而不是模型，又为学校省去了一笔不菲的购置教具的费用，避免重复投资，一举几得。

英国有一档收视率很高的考古节目《时光团队》，主持人托尼·罗宾逊儿时家境不是很好，但因为父母常去博物馆和城堡参观，他耳濡目染，喜欢上了这种地方，对他后来乐此不疲地参与历史文化类纪录片的制作起了很大作用。

担任一家博物馆主任的尹恩·格里菲斯博士 60 年代出生在一个工人家庭，那时在消费很高的伦敦花钱去一次博物馆对他们来说基本是奢望。他记得在一个免费日父亲带他去科学博物馆参观，伊恩被精彩的展览深深地吸引，

博物馆租借教具库房和真实文物

这次经历也改变了他的人生，伊恩说："如果没有那次博物馆之行，我成不了博士。"

由于博物馆对大众，特别是青少年的重要性，像尹恩这样在博物馆工作的专家学者经常会客串讲解员给参观者介绍馆藏的文物，回答他们提出的问题，也许在不经意间你就能碰到一位专家。2007 年中国春节期间，我就在大英博物馆的中国展馆里见到一位老学者正在介绍中国红包的来历和典故，而在苏格兰博物馆里，游客们围着一位穿着苏格兰裙子、须发全白老先生的场景也很有意思。

不过，虽然有政府资助，博物馆仍然面临资金匮乏的问题，有人提议说："我们不想取消免费措施，但是如果博物馆和画廊觉得合适的话，他们有权收费。收来的钱可以投入到新的设施中，以便为孩子和学生们继续提供好的展览。"

2007 年 6 月，英国保守党的影子内阁文化大臣雨果·斯怀尔提出要取消博物馆免费的举措，支持者说："我们不明白为什么社会只对文化的一部分免费？如果对画廊和博物馆免费，是不是也应该为电影院和足球赛免费。画廊是为那些喜欢艺术的人准备的，我想你应该为你的爱好付费。另外，免费的博物馆也对仍在收费的博物馆造成影响，分流了一部分参观者。"

此言一出，立即遭到了来自全社会的反对，全国教师联盟的秘书长史蒂夫·斯诺特生气地说这对孩子们的影响是灾难性的。文化、媒体和体育大臣泰萨·乔韦尔也指责说："如果保守党在这条路上继续走下去的话，将是严重的、令人遗憾的一步，也是不受欢迎的。国家博物馆和美术馆免费开放，是政府关于'建设一个更美好英国'的承诺之一，其目的在于增强艺术在国家生活中的地位与作用。"

这项被称为"历史倒退"的建议在一片反对声中迅速消失了。免费，还是收费，是很现实、也回避不了的问题。英国人选择继续走下去，这意味着国家对博物馆有更多投入，以更好地发挥它的教育功能，人们对一座城市和这个国家有更多了解，意味着政府要制定更优惠的政策让博物馆增加收入，意味着公众得到更多受益，一些孩子们可能由此成为未来的科学家、历史学家、画家和作家。

截止 2009 年 3 月，全英国一共有登记的博物馆 1795 座，其中英格兰 1393 座，苏格兰 279 座，威尔士 85 座，北爱尔兰 38 座，有很大一部分是免费的，其他收费不高的私立博物馆更是不计其数。在伦敦，240 多座大型博物馆和不计其数的小博物馆为这座城市营造了浓浓的历史、文化氛围，体现的是一种强烈的民族自豪感和文化修养，这与一个国家和地区的文化、历史、经济背景密不可分。

近年来，中国很多地方都投资建设大型博物馆，本来是件好事，但往往新址远离市中心，交通不便，且只注重硬件的宏大，忽略了实用性，空空荡荡的展厅总给人华而不实的感觉。大量空间被浪费，展出内容又不够丰富和翔实，没有真正成为公众，特别是青少年增长知识、拓展视野的场所。

值得肯定的是，很多博物馆都免费开放，让公众逐渐习惯于走进博物馆，了解历史，思考未来，这些好处从长远来看是不可估量的，远远超过了门票收入减少带来的损失。

---

1. 这座距今有 150 年历史的建筑的设计者是加尔斯·吉尔伯特·斯科特（1880-1960），他还有另外一个为世人所熟知的著名作品，那就是英国满大街都能见到的"红色电话亭"，详见本书"来自教堂墓地的灵感"。

吸烟违法
Tobacco Taboo

> "为了满足自己的烟瘾又不影响别人，我不得不站在路边，或者街边的角落吸烟，忍受路人投来的歧视的目光，毫无尊严地享受一点所谓的快乐，而实际上这样的享受无异于自杀，每次掏出烟，我都要和自己斗争，和一种耻辱感斗争，我为什么不放弃呢？"

英国的冬季天黑得早，蒙蒙细雨伴着阴冷的空气，如雾一般弥漫在街道中。

2007 年 12 月的一个深夜，我离开通宵开放的学校图书馆，行至主教学楼外时，隐约看见一个红点忽明忽暗，走近才发现是一名女生在雨地里吸烟。因为衣服单薄，她看起来似乎有点发抖，整个人缩在宽大的罩衣里，双脚不停地来回踱步，唯一露在外面的两个指头夹着一只即将燃尽的香烟，斗篷下被微弱的烟头照亮的是一张白净的、若有所思的脸。

此时，学校的过道里空无一人，保安早早躲进了值班室取暖，她本可以在无人值守的教学楼内吸完这支烟，但是却选择了站在雨地中，这是因为半年前的 7 月 1 日，英格兰成为了继苏格兰、威尔士和北爱尔兰之后，大不列颠联合王国中最后一个在公共场所禁止吸烟的地区。

也就是说，从这天起，在英国任何地方的室内吸烟都是违法的。

吸烟是英格兰最大的"杀手"，每年有 87000 人过早地死于这项嗜好，英格兰其实早在 2004 年 11 月 16 日就提出这项举措，一开始计划在医疗机构、政府部门，以及酒吧和餐厅里实施，但提议一出即引起各界广泛争议，一些人建议要全面禁烟，另一些人则觉得政府对被动吸烟反应过度。经过数次听证、投票和辩论之后，2006 年 2 月，英国议会上院通过了强制全面禁烟法令，媒体评价说这是"为了公众健康迈出的重要一步"。

在日常生活中，人们将这项法令简单地解释为"只要有顶的地方都禁止吸烟"，其实考虑到一些特殊情况，具体实施时还是有例外的，比如公交车站（如果顶部覆盖不够一半）、没有全封闭的电话亭、酒店的可吸烟客房、疗养院、心理治疗室、监狱、海上钻井平台、烟草商的产品展示和推广、舞台或者电视演播室，但仅限于在正式表演时，就连彩排也不行，规定不能说不细。

在室内禁止吸烟，除了考虑健康原因以外，也是为了把火灾隐患降低到最小，在这方面英国人有着惨痛的教训。1987 年 11 月 18 日晚上 7 点半左右，伦敦主要换乘车站 —— 国王十字地铁站发生火灾，这场"地狱之火"导致 31 人死亡。后经调查是一名乘客把还未燃尽的点香烟的火柴扔在自动扶梯上，"火种"随即落入木质扶梯下面的空间，引燃油腻的润滑材料、干燥的垃圾和纤维物质，仅仅几分钟，呛人的烟雾就笼罩了整个地铁站。

这场灾难本可以避免，因为仅从 1956 年起，车站就发生过 46 起电梯失火事故，大多是吸烟者不慎引发的。后来，立法禁止在车厢内或站台上吸烟，不过并未禁止乘客在扶梯上迫不及待地过烟瘾，这给 1987 年的火灾留下了隐患。

2007 年 7 月 1 日英格兰公共场所禁烟法令生效前，各地利用广播、电视和报纸进行了广泛宣传，公共场所也张贴通告。BBC 播出的一则公益广告十分直观，一名中年男子穿梭在"食堂、酒吧、车间、商场、仓库、俱乐部、修理厂、办公室"等区域和场景中，空间瞬间转换，他边走边说："从 7 月 1 日起，你不能在室内吸烟啦。"

如果违反法令，吸烟者将会被苛以 50~200 英镑的罚款，不展示禁烟标志的经营者则会面对 200~1000 英镑罚单，如果他们被查出没有起到监管责

上 大火过后的站台（图片来源：BBC） 下 英国路边吸烟者

任，让烟民们在自己的"地盘"里吸烟，那么最高惩罚将是 2500 英镑。

在这个国家即便只是你因为抽了一支烟而违反法律也会被视为很严重的事情，所以禁烟令实行以后绝大多数人会自觉地遵守，烟瘾大的人就只好在上班途中匆匆吸一支，然后在进入办公楼等公共场所前把烟头投入挂在墙上的像老式邮筒一样的烟头收集器。而在酒吧和餐厅外的街边，因为吸烟的人群扎堆儿，显得煞是热闹，这些西装革履的烟客们端着咖啡或者啤酒，一边交谈，一边吐云吐雾。

有一次乘公交车，忽然闻到一股浓烈的雪茄烟味，此时车刚好到站停下，司机伸头看了一眼车厢，随即开始拨打电话报警，这时我才发现车的后部有

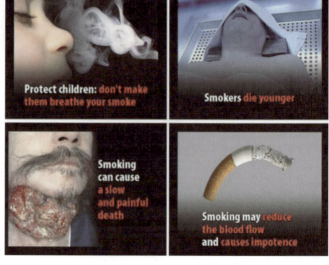

左 酒吧不仅禁烟，还张贴告示劝告烟民戒烟
右 香烟盒上的警示图片，告诉吸烟者吸烟都会引起什么严重后果
（图片来源：Independent）

两名放学的中学生正在抽雪茄，烟味就是从那里飘来的。他们看见司机报警，吓得赶忙从后门跳了下去，站在路边观望，但司机并没有放下电话，继续与警察说着当时的情况。

两个孩子只好商量着又硬着头皮从前门上车，向司机一再道歉，央求这位坚持原则的司机大哥不要把警察叔叔招来了。因为报警耽误了几分钟，但车上没有任何乘客抱怨，大家都知道，这是在维护公众的权益。

当然，有人欢迎，就有人反对，禁烟也不例外。一个叫做"自由选择"的组织就抗议这项政策，他们认为应该尊重顾客在酒吧和俱乐部里吸烟的权利。因为有人拒绝遵守规定，还引发了一些刑事案件，最极端的例子发生在

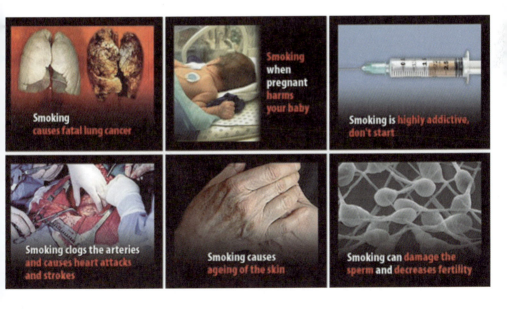

Status of the WHO Framework Convention on Tobacco Control (WHO FCTC)
166 Contracting Parties*

Denmark:
Denmark's instrument of ratification included a territorial exclusion regarding Greenland and the Faroe Islands.

New Zealand:
New Zealand's instrument of ratification included a territorial exclusion regarding Tokelau.

*Regional economic integration organizations are entitled to become Parties to the WHO FCTC. As such, the European Community is a Contracting Party to the WHO FCTC (with previous signature).

World Health Organization

- Contracting Parties (non-Signatories to the WHO FCTC)
- Contracting parties (previous Signatories to the WHO FCTC)
- Countries non-Parties that have signed the WHO FCTC
- Countries that have not signed the WHO FCTC and are not Contracting Parties

Data Source:
WHO Tobacco Free Initiative
Map Production: Public Health Information and Geographic Information Systems (GIS)
World Health Organization
© WHO 2008. All rights reserved

The boundaries and names shown and the designations used on this map do not imply the expression of any opinion whatsoever on the part of the World Health Organization concerning the legal status of any country, territory, city or area or of its authorities, or concerning the delimitation of its frontiers or boundaries. Dotted lines on maps represent approximate border lines for which there may not yet be full agreement.

上　世界卫生组织公布的控烟形势图　中　《烟草控制框架公约》标志

下左　警示图片面积至少达到烟盒总面积的一半

下右　2007 年 5 月英国禁烟前夕，工厂加紧生产适用于各种场合的禁烟标志

2007 年 7 月 27 日，也就是禁令生效不到一个月，前重量级拳击手贾姆·欧耶波拉因为阻止一名顾客在夜总会吸烟，被对方持枪击中头部，不治身亡。

刚开始禁烟时，有媒体报道，酒吧、餐厅、宾馆和娱乐场所的客流量下降不少，因为人们不太习惯只喝酒而不抽烟的酒吧氛围，但一名酒吧服务生却很开心，她整天在吧台里呆着，终于可以不再被烟熏了。有报道称，自从禁烟后，很多娱乐场所的生意反而好了，那些原来害怕被动吸烟的人也可以放心地去享受生活了。

回家可以放松点了，当然可以吸烟，但按照规定，如果同一个空间中有另一名家庭成员在，吸烟人就不能肆无忌惮地"独享其乐"，当然，这不是强制性的，但我接触的英国朋友们都很自觉地遵守这项法律。房东在院子的桌上放置了几只款式不同的烟灰缸，既用做装饰，又可供自己和朋友们在户外吸烟时用。即便是寒冷的冬天，房东儿子的同学们来访，几个年轻人也是在院子里抽完烟才回屋活动。

吸烟作为个人权利，在不妨碍别人健康的前提下无可厚非，虽然制造商在烟盒上标注警示语，但对于那些固执的烟民而言，提示基本不起作用，有人就曾经开玩笑说：烟盒上的每个单词我都认识，放在一起就不知道是什么意思了。既然文字的作用有限，那么就需要借助图片的视觉冲击力了。2010年的 10 月 1 日，英国成为欧盟第一个在烟盒上贴上显示吸烟潜在危害警告图片的国家，这些图片触目惊心，有喉癌、肺癌、烂牙齿、粗糙的皮肤、手术切开的内脏、受到影响的婴儿，还有阳痿等等。

和我们见惯了的中国烟盒上都是漂亮的产品名称和图片不同，英国烟盒上警示的图片面积至少要达到总面积的50%以上，不断刺激着吸烟者的神经，促使他们认真考虑放弃吸烟，而且，和酒类一样，商家不允许将烟草出售给18 岁以下的未成年人。

英国肺病基金会的首席主管海伦娜·沙文通夫人说："吸烟导致肺部受损，英国每年有 12 万人死于慢性阻塞性肺部疾病，我们希望图像起到的效果比文字信息好。"据统计，英国人因为吸烟死亡的人数是交通事故、用药过量、谋杀、自杀和艾滋病死亡人数总和的 5 倍。

吸烟有害健康是不争的事实，而二手烟受害者可能吸入的是 4000 种化学物质，其中有超过 50 种是致癌物质，吸烟可以说是一种损人不利己的"不良嗜好"。2003 年 5 月，在瑞士日内瓦召开的第 56 届世界卫生大会上，世界卫生组织 192 个成员一致通过了第一个限制烟草的全球性公约——《烟草控制框架公约》，成为了联合国历史上最受欢迎的条约之一。

这是一份以证据为基础的文件，强调所有人享有最高健康水平的权利，公约的主要目标是提供一个由各缔约方在国家、区域和全球各级实施烟草控制措施的框架，以便使烟草使用和接触"二手烟"频率大幅度下降，从而保护当代和后代人免受烟草对健康、社会、环境和经济造成的破坏性影响。

现在全世界已经有 70 多个国家和地区颁布了禁止在公共场所吸烟的法令。按照规定，公约生效后，各缔约国须严格遵守如下条款：提高烟草的价格和税收；禁止烟草广告；禁止或限制烟草商进行赞助活动；打击烟草走私；禁止向未成年人出售香烟；在香烟盒上标明"吸烟危害健康"的警示；采取措施减少公共场所被动吸烟等。

我曾经问过一位因为禁烟令而戒烟的英国朋友，是什么促使他放弃多年的嗜好，他的回答令我吃惊："为了满足自己的烟瘾又不影响别人，我不得不站在路边，或者街边的角落吸烟，忍受路人投来的歧视目光，毫无尊严地享受一点所谓的快乐，而实际上这样的享受无异于自杀。每次掏出烟，我都要和自己斗争，和一种耻辱感斗争，我为什么不放弃呢？"

中国于 2003 年 11 月 10 日签署了《烟草控制框架公约》，成为第 77 个签约国，2005 年 8 月 28 日获全国人大常委会批准，2006 年 1 月 9 日，《烟草控制框架公约》在中国正式生效。此后曾经在媒体上掀起过一阵宣传高潮，很多城市也都颁布过公共场所禁烟的规定，但因为缺乏有效的监督，烟民也没有自觉遵守的意识，加上商家出于商业利益考虑的放任自流，在搞了几个大型活动热闹一阵后，便形同虚设了。

于是可以常常看到这样的情景：在会议室里，"请勿吸烟"的警示牌旁，烟客们仍然肆无忌惮地享受着他们的"权利",无视他人的感受和身体健康;办公室里,公务员们叼着烟,眯着被烟熏得睁不开的眼,在布满烟灰的键盘上打字;更有甚者把点燃的香烟带进电梯,狭小的空间里弥漫着浓重的烟味,令人窒息,以至于一位在中国生活多年的英国老太太从忍无可忍地强烈抗议,到最终大声谴责,而那些手拿烟头的人不是一脸茫然,毫无歉意,就是怒目而视,反唇相讥。

我的一位朋友因为怕污染了家里的空气而影响老人、孩子和妻子的健康,即便天气不好,温度再低也会到阳台上过烟瘾,但是在公共场所却全然没有这样的意识,所以我老提醒他,周围的人也是别人的父母、妻儿,他们同样需要呼吸清新的空气。

2011年新年伊始,就有媒体以"我国5年室内公共场所禁烟承诺基本宣告失败"为题表达了对这项工作开展不力的失望,"履约5年内,不仅全民吸烟率没有下降,二手烟的受害者却在3年内增加了2亿人。"对于很多地方政府来说,这项工作之所以推进缓慢,主要原因来自于烟草行业是支柱产业,对地方财政起到很大的,甚至是决定性的作用,在利益面前,人们的健康被忽视也就变得"顺理成章"。有学者则认为,这样的短视造成的是社会效益的负值,因为"由吸烟导致的包括医疗成本、劳动力损失等社会成本已经远远高于烟草行业的总成本、缴税总额、就业贡献等价值总额,而且在未来20年这种负效益还会增大。"

台湾作家舒国治这样描述过他在北欧国家瑞典的感受:人们之不抽,实在于一者对公共范围之尽不侵犯,再者自我约束本就习守。在我看来,面对吸烟这样一件貌似无关大碍的小节问题上,自觉遵守公共道德和利益似乎比强制执行更加重要。2011年5月1日起,卫生部老调重弹,再次要求所有公共场所全面禁烟,但是法规在公众的强大陋习和漠视下又再次失效,能按照规定执行的公共场所少之又少,这似乎成为了中国各种社会问题有令不行的一个典型缩影。

酒醉英伦
Binge Drinking Britain

> "饮酒无罪，酒精无罪，有罪的是酗酒"，这是八九百年前，英国传教士在餐桌上堂而皇之地饮酒时的理论。其实社会上很多事物都是如此，看起来像是个哲学问题，但对英国来说，则是个实实在在需要面对的难题。

6月1日是众所周知的"国际儿童节"，但2008年的这一天对伦敦人还有另外一番含义，因为从这天起，伦敦的公共交通系统中将禁止乘客饮用含酒精的饮料，甚至不允许携带开启的含酒精饮料的容器，这是继公共场所禁烟后的又一项禁令。

在此之前，公交站、地铁站和轻轨等公共场所都贴出醒目标牌和招贴画，进行前期公告。海报上面写道："公共交通中禁止饮酒：让每个人的旅程愉快舒畅……"这是当时刚上任不久的新市长鲍里斯的新举措，他希望通过禁令降低因为饮酒引发的反社会行为和暴力，让乘客感到更舒服和安全。禁令规定：任何人拿着开了盖的酒瓶或者易拉罐筒都会被乘务人员或者警察请下车。2009年则出台了更严厉的规定，这类行为会被定性为刑事犯罪。

在伦敦出行，就免不了乘坐地铁，晚间不时会碰到一些明显饮酒过量的青少年，他们聚集在车厢的一端，用手机的免提功能播放摇滚音乐，肆无忌惮地大声说笑。这时，其他乘客往往选择集中到车厢的另一端，英国人本来在公共场所就不苟言笑，此时显得更为沉默，目光投向手中的报纸、书籍，他们甚至不会多瞟那些年轻人一眼，以免招来不必要的麻烦。

在英国，因为酗酒造成的社会问题和争论由来已久。

早在 11 世纪，伦敦普通人家就把酒纳入了早餐，理由很有意思 —— 为了"解渴"，在他们看来，饮粮食酿造的酒比喝白开水有营养，中世纪的伦敦，无节制饮酒形成了一般风气。在进口美酒的刺激下，英格兰本地酿酒业也开始兴起，那时的酿酒材料是大麦和燕麦，而葡萄一般用于制造果汁和食用醋。据统计，1300 年前后，拥有八万居民的伦敦已经开设了 1000~2500 间小型酿酒作坊，产品质量不比今天的啤酒差。

出人意料的是，最放纵的酒鬼不是普通市民，而是拥有很高社会地位的神职人员，在街头滋事的人大多是同业公会的商人。当时的"补赎法规"对酗酒有明文规定：主教带头酗酒，立即免职；普通教士酗酒，补赎 30 天；普通人则只需要 15 天。

翻开伦敦 12、13 世纪的历史档案，因为酗酒造成的滚下楼梯、台阶、码头，甚至掉出窗口的案例比比皆是。而在酒精刺激下，一句话和一个眼神就引发一桩命案的事情更是不足为奇，深夜的伦敦街头，爱尔兰军刀、短剑、斧头和小刀常常在酗酒者手中舞动得呼呼作响，从这些记载也可以看出酒后的暴力已经严重影响到了正常的社会秩序。

鲍里斯的"新政"有众多支持者，当然也有反对之声。第一次世界大战期间，其他公共设施的开放时段都是有限制的，但地铁内却有 30 多家合法经营的小吃店，其中有几处站台还设有酒吧间。这些位于地下的小酒吧不只是给下班的人们提供一个小酌几杯、暖暖身子的地方，"它们给人一种深邃幽暗的心动感觉，让人能和伦敦，甚至和生命之源做一番深层次的交流。"小说家艾里斯·默多克深情地回忆那一段在她记忆里的美好时光。

伦敦曾经允许乘客和下了班的铁路工人们在地铁内"借酒浇愁"，目的是"为了缓解大家因为担心犯罪事件而产生的紧张和焦虑情绪"。另一些人则列举数据与鲍里斯理论，2007 年，有 16 亿人次乘坐伦敦地铁，但只有

上 深夜的地铁站和禁酒的海报栏　下 在地铁里饮酒狂欢的年轻人

1806 例受到袭击的报案，也就是说每 449690 人中才有一人出事，概率是很低的，这在统计学中可以被称为"无意义的数据"，也证明伦敦地铁确实是很安全的。

与印象中酗酒的都是叛逆的年轻人和豪爽的工人阶级不同，英国存在着很庞大的"隐蔽酗酒"人群，他们拥有光鲜的职业和地位，成功人士的形象，良好的社会关系和庞大的人脉关系网。比如，上世纪 80 年代，酒吧甚至作为很多办公室的组成部分，以便于职员们喝酒，形成了特有的"狂饮文化"，不少人就是那时喝上瘾的。一位资深媒体人回忆当时的情景，"你在这边编着报纸，办公室那头的人们就喝光了酒柜里的酒。"

2005 年 11 月 23 日午夜起，一项新的 24 小时执照法在英格兰和威尔士生效，有超过一千家酒吧、夜总会和超市获得昼夜售酒的执照。此前，英国一直沿用第一次世界大战时期的法令，所有酒吧和超市必须在每天晚上 11 点停止卖酒。有人批评这是一项鼓励过量饮酒的政策，也有人认为它将中止饮酒产生的暴力，因为如果酒吧每晚在同一时间关门，大群喝醉酒的人会一起涌到大街上，很容易发生冲突。《卫报》2010 年 4 月做的一次民意调查显示，有六成的人不认为 24 小时卖酒有什么负面作用，这一数字与他们曾经报道的三分之一的英国人每天饮酒超过正常值比较吻合，也从一个侧面反映了英国人喜欢喝酒的嗜好。

酒吧文化可以被视为英国文化的一部分，价格不高，品种丰富，口味多样，轻松随意，人们习惯于下班后去喝上一杯，也是物美价廉的社交方式。每到周末，就能看见各种帅哥美女打扮得光鲜亮丽，成群结队挨个酒吧地转着喝，家家生意都火爆，不少人最后烂醉如泥，宿醉街头。BBC 一位记者曾经开玩笑地说，"这儿的人通常在工作的几天不沾酒，但是一到周末，喝起来的架势就像世界末日到了一样。"

对禁令有引经据典、口诛笔伐的，也有用实际行动抗议的，6 月 1 日禁令生效的前一天，几个民间组织在地铁车厢里举办了长时间的狂欢酒会，把其中一条地铁环线变成了一间临时"流动酒吧"，他们喊出"环线聚会：最

上　时刻提醒人们禁止饮酒的警示牌
下左　卫生间入口处的控酒标志，左侧是禁酒标志，
　　　右边是禁烟标志
下右　牛津大学学生在街边酒吧看书

上左　伦敦地铁里的禁酒公益海报
上右　威尔士语和英语双语通告，其中
重点强调 500 英镑罚款
下　"为了生活而改变"运动为公众提
供测试，检测每天饮酒量是否合适

后一天在地铁里饮酒"的口号，以一种近乎于行为艺术的方式"抗议"禁酒令，主张自己"自由饮酒的权利"，表达不满。

法令生效前，"流动酒吧"行动不会受到制止，但为了防止发生意外，伦敦警方还是在周六和周日部署了比平时多的警力，在入口处告诫那些携带酒精饮料的人们，如果在 6 月 1 日后还这样做的话，是要给自己找麻烦的。据统计，有 2700 多人参加了地铁饮酒抗议活动，足可以装满三列地铁车厢。在酒精的作用下，局面一度失控，这些饮酒者袭击了 4 名列车驾驶员、3 名地铁职工、2 名警察。最终，有 17 人被拘捕，罪名是破坏公共秩序、袭警和吸毒。

从整个社会的角度看，只是阻止人们在公共交通系统里饮酒似乎并不能杜绝恶性行为，地铁里滋事的醉汉往往是在酒吧或者俱乐部里把自己喝迷糊，然后摇摇晃晃地去赶最后一班地铁回家。所以有人认为，除非把喝醉酒的人乘公车和地铁也列为犯罪，不然，这项措施的意义不大。从另一方面看，有人说鲍里斯的禁令是"疯狂的"，因为很难说到底有多少人在公共交通系统中犯罪是在酒精刺激下实施的，小偷、乱涂乱画者和性骚扰者毕竟是极少数。

虽然我从没在地铁里见过喝酒的乘客攻击其他乘客，不过这背后潜在的问题却不能忽视。英国警方的数据显示，2005 年在公共交通系统中发生的和饮酒有关的犯罪行为上升了 30%。针对那些认为自己"小题大做"的批评之声，鲍里斯说他之所以坚持强制禁酒，是因为"一些人喝酒后可能存在的攻击行为，让人们在深夜乘地铁时会感到害怕"。

其实，2008 年 6 月 1 日禁止在公共交通系统中饮用含酒精的饮料之前，伦敦就已经出台过一个范围更广的措施，那就是划定"饮酒控制区域"。人们行走在大街小巷中，不经意间就会看到一些电线杆和建筑物上设置的警示标志，提示行人这里"酒精过敏"。

伦敦官方对"饮酒控制区域"的定义是：公共场合的饮酒会造成滋扰，需要通过一部永久法律来控制。在此区域内，警察或者被授权的人员，比如公园的管理者，有权对手持开启酒精饮料的人进行询问，如果这些人拒绝交出容器，或者继续饮用，将被开具 40 镑的罚单，如果仍然不听劝阻，将会被逮捕和起诉，最高罚款为 500 英镑。

"饮酒控制区域"最早试行是 2007 年 6、7 月间从英国东南部一个叫做"红山"的地方开始的，当地官员解释法令的目的是，针对那些会引起反社会行为的酗酒和与酒精饮料饮用相关的危险因素，以便让人们放心地生活、购物和工作，而不用担心和害怕酒徒。"这些控酒区域将为本地的居民带来完全不同的感受，"这位名为琼·斯皮尔斯的官员说，但是她也安慰大家不用担心正常携带的含酒精的饮料会被没收，家庭野餐的饮酒和有营业执照的路边小酒馆也不在控制之列。

2008 年 10 月 1 日后，"饮酒控制区域"逐渐增多，面积也在扩大，有的地方甚至覆盖整座城市，总数量已经超过 700 个。为了让公众了解具体的"饮酒控制区域"，各行政区域还在自己的网站中公布地图，清楚地标明范围，与伦敦实施的公共交通系统禁酒形成互补，在一定程度上减少了醉酒者还带着酒瓶子登上公车或者地铁的数量。

除了警示通告栏以外，伦敦地铁通道里还张贴公益海报，提醒人们酗酒带来的危害，其中针对女性酗酒的大幅宣传画就给人很深印象，一名中年妇女眼神迷离，蓬头垢面，酒糟鼻子泛着油光，脸上有喝高时磕碰的痕迹。招贴画配以文字：如果你像男人一样饮酒，你的下场就会和她一样。下面用小字说明了过量饮酒给女性带来的"麻烦"，比如乳腺癌、过早绝经、记忆力丧失，并且提供了帮助热线电话。

2012 年 1 月 26 日，英国国家统计局发布的数据显示，由来已久的饮酒文化已经给这个国家带来了很大麻烦，与酒精有关的死亡人数从 2009 年的 8664 人上升为 2010 年的 8790 人，其中 67% 的死亡者是 55-74 岁之间的男性。酗酒引发的肝病是主要死亡原因，而且逐年上升，每周死亡 100 人，于此相反的是，吸烟造成的死亡人数这几年有明显下降。

英国把 10 毫升纯酒精定义为 1 单位，酗酒的标准是每天饮用量男性超过 8 单位，约等于 3 品脱高度数的啤酒，女性超过 6 单位，相当于 3 杯 175 毫升的红酒。

而 1987 年，英国健康部门给出的"合理"饮酒标准是男性每周最多 21 单位（每天不超过 3～4 单位），女性每周最多 14 个单位（每天不超过 3～4 单位），如果喝多了，48 小时内应不再饮酒，以便让身体得到恢复。由此可见，现在酗酒的量已经远远高于正常标准，而且很多人喝得比这个还要多。

据 2010 年 4 月，欧洲一家调查公司研究显示，12% 的英国人承认他们一晚出去喝酒的量是十杯以上，高于其他参与调查的欧盟 27 个国家，英国也由此得了一个"欧洲酗酒之都"的外号。有医生预测，如果得不到有效控制，未来 20 年酒精将造成 7 万人死于肝病，14 万人会因为饮酒引起中风、心脏病、癌症、暴力、自杀和意外事故。由于处置酗酒造成的事故和应急服务支出 10 亿英镑，一年的相关医疗费用达到 27 亿英镑，酗酒对英国人的形象和声誉造成了不好的影响，甚至被首相卡梅伦视为不光彩的"丑闻"。

为此，公共卫生部门发起名为"为了生活而改变"运动，帮助人们意识到过量饮酒对身体带来的危害，并出台新措施，赋予地方政府更多权力和预算以控制酗酒。其中一项引起争议的措施就是提高税率，抬高酒类商品价格，以此增加酗酒者的成本。面对这一全国性问题，卡梅伦觉得政府需要重视，他呼吁英国酒吧、超市和酒类产业不要光顾着赚钱，而是负起应有的社会责任。

随处可见的酒吧是英国的一景，"去酒吧喝一杯"则是典型的英国社交方式，酒吧的英文"Pub"是"Public House"的缩写，从字面上可见这个场所与公共活动之间的密切联系，是各色人等聚集的地方。与吸烟不同，适量饮酒有助于身心健康，买上一杯酒，顾客就可以在这里交友会面、谈情说爱、消遣游戏、读书写作。据说，英国文学就起源于酒吧，中世纪的杰弗里·乔叟创作了《坎特伯雷故事集》，托尔金在牛津的酒吧写出了魔幻小说《指环王》，乔安娜·罗琳则在爱丁堡的酒吧塑造了《哈利·波特》。

"饮酒无罪，酒精无罪，有罪的是酗酒"，这是八九百年前，英国传教士在餐桌上堂而皇之地饮酒时的理论。其实社会上很多事物都是如此，看起来像是个哲学问题，但对英国来说，则是个实实在在需要面对的难题。

伦敦治堵
London Congestion Charge

买汽车不等于就要无原则、无节制地使用，怎么使唤自己的车看起来是个私人问题，可一旦车上路就会变成社会问题。当我们抱怨交通拥堵时，是否想过每一个开车上路的人自己也是制造拥堵的一分子？问题不是出在你所驾驶的机器上，而是操控和管理这些机器的人的脑子里。

　　就在大多数中国家庭为买一辆什么车能满足全家男女老少所有需求而犯难时，我接触的英国普通家庭基本都已经拥有两部汽车，通常的搭配是"一短"和"一长"。短的是两厢车，主要用于短途驾驶，长的是旅行车，一般外出休闲度假时可以载上全家和出游需要的家伙什儿。

　　英国街头各种款式的小车是一景，德国戴姆勒集团的 Smart，大众的甲壳虫，奔驰的 Mini Cooper，欧宝的 Corsa，法国雪铁龙的 C1、C2 和 C3，日本尼桑的 Micra，三菱的 COLT，美国福特的 KA 等，当然还有本田的 Fit，也就是中国市场上的飞度，不过在英国换了名字叫 Jazz。这些车的体积还不算最小的，街头经常有充电汽车驶过，这种车长 1.5 米，宽 1 米左右，停在路边就像一只"大皮鞋"。

　　英国著名电视娱乐节目《超级动力》的主持人杰里米·克拉克逊曾经把一辆更小尺寸的电瓶汽车拖进 BBC 办公大楼的电梯和会议室，身高一米九六的杰里米边走边说："以后不用担心丢车了"。为了证明小车的灵活机动，杰里米开着它在各个办公室间穿梭，甚至在当天直播的 BBC 新闻节目中，主持人背景里数次出现这辆车子游弋的"诡异"车顶。

大多数英国人的住宅类似我们的联排别墅或者双拼别墅，屋后有一个花园，房前临街是一块能停放两三辆车的空地，路的两侧也能停放车辆，一般不需要交费，也不会突然冒出个带红箍的人朝你收钱。由于没有风沙和很大灰尘，虽然都是露天停放，但车辆都干干净净。碰上休息日天气好，经常能看到在自家门前空地上清洗汽车的英国人。而在工作日，你会发现伦敦住宅区的大街小巷里一排排、一行行私家车都停在那里，发达的西方国家，车多并不是件奇怪的事，但大多数车都停着就有点意思了。

伦敦有着世界上最古老的地铁系统，从 1863 年第一条线路开通至今已有 130 多年历史，现在一共有 11 条线路在运行，密密麻麻几乎覆盖了伦敦的每一个区域，铁路线也是四通八达，虽然票价每年都在上涨，但轨道交通仍然是人们日常出行首选的工具。我的英国朋友们觉得自己驾车穿过整个城市去上班既不经济，也很累人，更不环保，还不如把时间留在地铁里翻翻报纸、看看书来得自在。

这些停放在家门口的车平时的主要功能就是"倒短"，即由一人负责开车到地铁站接送其他家庭成员，这段距离不长，一般也就是公交车的几站地。傍晚时分，常常在运行的地铁里听到邻座乘客提前打电话给家人，等到达后出了站，外面已经停了一溜车子，然后各自钻进各家的车，要不了几分钟就可以到家。

除了地铁，公交车也是很重要的交通工具，公交站牌上不仅标明站名，还有到站的准确时间，只要记住点儿提前候车，一般不会错过。各趟公车的到达时间基本是以一个小时为单位均分配，相互错开，这样可以避免要么老等车不来，要么一来好几辆扎堆的情况。公交车上安装有提醒司机停车的按键，如果到站没有人按键要求下车，也没有人在车站等车，司机就会一直开下去，这样提高了运行效率。

英国人在日常使用汽车上的克制并不完全是出于环保意识高和自觉性强，更重要的是有各种制度措施限制。就拿停车费来说吧，那些必须开车到市中心上班的人就要支付价格不菲的费用，虽然很多停车场都没有守车人，

下 电视节目中，杰里米·克拉克逊把汽车拖进 BBC 办公大楼

上 英国街头满是两厢和一厢的小车

大家还是通过自动缴费机按照停车时间付费，然后把凭据放在挡风玻璃后，以便工作人员检查。别以为没人看就能逃票，如果不自觉缴费而被发现，罚款是很重的，一不小心车轮就会被套上大大的锁，让你动弹不得，同时还有一张提示单会告知：在你交费之前，不要试图打开锁并开走车。

进入伦敦中心的老城区，不时会看到路边的指示牌和车道上出现一个大大的字母"C"，红底白字十分显眼，这是提醒机动车司机已经进入了"征收拥堵费的范围"[1]。这项收费的目的很明确，就是为了减少中心区的交通拥堵，提高公交车的行驶速度，进而改善市民的生活质量，收来的这笔款项则用于投入城市公交系统的建设。

伦敦曾经是著名的"堵城"，交通问题由来已久。早在二十世纪初，各种载客和拉货的畜力车在市中心的街道上熙熙攘攘，挤作一团，到了六十年代，随着车辆的迅速增多，情况更加糟糕。1964 年，一个以交通和道路研究机构学者牵头的团队起草了一份报告，首次提出在英国的城市试点"道路收费"的想法，通过付费方式达到"约束汽车使用者"的目的。

项目在具体实施过程中碰到不少问题，直到 2000 年肯·利文斯通担任伦敦市长起，争论了近 40 年的"道路收费"方案才进入实际操作阶段。在英国，利文斯通可是响当当的人物，这位 1945 年出生的官员 23 岁时加入工党，在英国政坛没少折腾，一直是"异类"。担任大伦敦议会主席时，他曾经把英国持续上升的失业人口数据张贴在议会大楼上，与隔泰晤士河相望的威斯敏斯特议会"叫板"，由此惹恼了当时的首相"铁娘子"撒切尔夫人，于 1986 年撤销了这个机构。

不过，利文斯通并没有因此沉寂，2000 年 5 月，他当选为大伦敦地区第一任市长，按照《1999 年大伦敦机构法案》的要求，市长必须制定交通规划，"以促进和鼓励大伦敦地区安全、协调、高效和实用的交通设施和服务。"利文斯通承诺采取交通拥堵费方式，限制不必要的车辆进入伦敦中心区域。

2001 年的统计显示，每天上午 7 点至 10 点高峰时段，约有 110 万人进入伦敦中心区，其中 13.7%，也就是 15 万人使用的是私家交通工具。这种状况与 1991 年的 16.8% 相比，虽然没有明显变化，但此区域的早高峰车速则从 1974 年的每小时 14.2 英里下降为 2000 年的 9.9 英里，晚高峰更慢，为 9.6 英里，甚至不如 100 年前的马车时代，在欧洲排名也是最后。

BBC 著名时事评论员、电视主持人安德鲁·马尔的专题片《鸟瞰英国》中有一项统计：英国人开车，一生中有六个月是浪费在堵车的等待中。不知道中国一些大城市里，驾驶员一生中有多长时间浪费在堵车的等待中。

2003 年 2 月 17 日，伦敦正式划定在商业、金融和娱乐中心区域开始征收 5 英镑的"拥堵费"，征收时间是周一至周五的上午 7 点到下午 6 点半之间[2]。公交车、小型公车、出租车、急救车、消防车、警车、摩托车、微型三轮车和替代燃料的机动车都在免征范围之列。科技进步和更多监控设备投入，让整个收费区域尽在交通部门的掌控之中，如果没有缴费就驶入划定区域，一旦被自动号牌识别系统记录，最初的罚款额是 80 镑，如果在 14 天之内缴纳，可以打"五折"，但 28 天以后才交就会变成 120 镑，现在起罚金额和超时罚金都提高了 50%，分别为 120 镑和 180 镑。

征收第一天立竿见影，有 19 万辆机动车进入收费区域，比此前少了 25%[3]。半年后的研究报告显示，进入收费区的车辆较收费前平均每天减少六万辆，以前开车的人有 50% ~ 60% 改为乘坐公共交通，20% ~ 30% 的绕道行驶，避开市中心收费区，15% ~ 25% 采用拼车方式出行。自从征收"拥堵费"后，骑自行车的人数增加了，交通拥堵缓解 20%，环境污染也有所改善，汽车尾气排放量减少 13% ~ 15%。首个征收年度的总额是 1.21 亿英镑，主要用于改善公交覆盖区域、增加夜班车次数、安装公交车监控设施、完善道路基础条件，特别增强通往学校道路的安全性等。

2007 年 2 月 19 日，伦敦市长选举开始前一年，利文斯通决定将收费区域向西扩大一倍，包括肯辛顿、切尔西、骑士桥、诺丁山等富人区，希望再减少 15% 的交通堵塞状况。被圈入其中的六万多市民不干了，组织游行抗议，因为这会让他们一年增加不少费用。其实，收费区中的居民在 1 月 19 日前事先登记备案，不仅能免除十镑的登记费，如果一次支付一周以上费用，还可以得到九折优惠，也就是说每天 8 英镑、每周 40 英镑的交通拥堵费，只要缴纳 4 英镑就可以了，收费区附近居民也有不同程度的折扣。一位伦敦议会的议员说："拥堵费向西区拓展意味着更多的人将体会到安全感，更少污染的街道和更有效率的公交服务。"

伦敦的拥堵在利文斯通任上开始采取强制措施治理，并且取得一定效果并不是偶然的，作为拥堵费的推行者，利文斯通也常常乘坐公共交通出行，BBC 的新闻中不时能看到记者在距离议会很近的地铁口采访他。老头身穿风衣，带着厚围巾，身背大大的双肩包，与每天穿行在伦敦的普通人没什么两样，常常有伦敦市民在地铁里拍到利文斯通或站、或坐、或排队、或读书、或看报的图片，如果不是特别在意，你丝毫不会觉得他就是世界大都市的管理者。

作为城市普通一员的体验与他的决策有着密不可分的联系，这可以从《南华早报》的一则报道中窥见一斑。2006 年，在一次到上海开展中英文化交流的活动中，利文斯通接受采访说，他每天乘地铁上下班，途中不仅可以看书读报，还可以发现公共交通存在的问题，并由此制定对策。

2010 年的 5 月 24 日，利文斯通的继任者鲍里斯宣布从 2011 年 1 月 4 日开始，拥堵费调整为 10 英镑，比之前执行的 8 英镑上涨 2 镑，是最早征收费用的两倍。但作为兑现自己竞选时的承诺，他取消了 2007 年拓展出的区域，恢复了最早的收费范围。正如当时因为扩大范围遭到反对一样，这次缩小面积也招来质疑，环保组织"洁净空气运动"担心环境质量会反弹，而利文斯通则认为砍掉近一半的收费面积，将少收五千万英镑，这是自己继任者"缺乏经济头脑"的表现。

其实，任何一项措施都有利弊，就拥堵费而言，收费区域划定永远都不可能做到所有人认为的"合理"。总之，要享受驾车的便捷和舒适，就要承担额外的"负担"，这看起来似乎很公平。而政府需要做的是用征缴来的费用不断改善公共交通，为市民提供舒适、快捷、方便的替代交通方式。至于，究竟是多花钱开车，还是省点事儿利用公交系统，那就是自己的选择了。

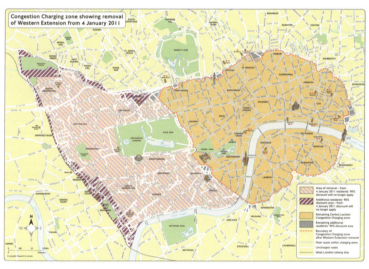

Congestion Charging zone showing removal of Western Extension from 4 January 2011

下　伦敦"拥堵费"征收范围，右下侧的曲线是泰晤士河，左边菱形的范围是 2007 年拓展后又取消的区域

上　乘地铁的伦敦前市长肯·利文斯通

　　2012 年 7 月开幕的奥运会期间，有 530 万人聚集到伦敦，这给并不乐观的交通状况带来更大压力，伦敦交通部门负责人彼得·亨迪也证实，一些热点区域需要减少 60% 的交通流量才能避免比赛期间的严重塞车现象。鲍里斯在 2012 年 1 月底接受采访时形容那种状况堪比千禧年蠕虫带来的"恐慌"，鉴于伦敦市区并不宽敞的街道，为了不让拥堵更为严重，引起伦敦出租车司机和生意人在此间"逃离"都市，伦敦交通部门与伦敦奥组委商议限

制使用奥运专用道，这在同样举办过类似赛事的一些国家是很难想象的。

市民本已备受堵车之苦，此类专用车道更是成为伦敦人对奥运不满的焦点之一，2012 年 5 月在市长竞选中连任的鲍里斯当然不能不考虑选民们的感受，他建议国际奥委会的官员和前来采访的记者们使用公共交通，这位自行车爱好者说："我敦促他们做明智和正确的选择，去乘坐朱比利地铁线[4]。我们在交通网络上投入了大量资金，你们会很享受地铁和公车，并且发现它们又快，又方便。"

在伦敦乘坐公交上下班不会被认为是件跌份儿的事情，穿行在古老的隧道中，即便车厢里拥挤不堪，空气混浊，西装笔挺的绅士和优雅矜持的女士也照样淡定地读书看报，不少政党领导、政府官员、专家学者也都是每天背着硕大的双肩书包或者干脆拖着拉杆箱加入到乘坐地铁的人流中。

历史悠久的公交系统、严格的措施和监控、不菲的收费、理性的用车习惯、官员们的示范效应和特殊时期不为短期形象而损害市民利益的做法让伦敦的交通比想象的要好很多。即便是高峰时期，市中心一般也看不到汽车把并不宽敞的街道拥堵成停车场动弹不得的"奇观"。

经济发展，生活水平提高，越来越多的人拥有自己的汽车是个挡不住的趋势，我们也不可避免地重蹈别人的覆辙。但是放眼世界，有很多成功经验可以借鉴，也有很多教训可以吸取。买汽车不等于就要无原则、无节制地使用，怎么使唤自己的车看起来是个私人问题，可一旦车上路就会变成社会问题。当我们抱怨交通拥堵时，是否想过每一个开车上路的人自己也是制造拥堵的一分子？问题不是出在你所驾驶的机器上，而是操控和管理这些机器的人的脑子里。

---

1. Congestion Charge Zone，简称 CCZ。
2. 现在实行的时间是上午 7 点至下午 6 点。
3. 虽然当时处于学校假期，对车辆减少有一定作用，但收费对交通缓解的效果还是很明显。
4. 伦敦主要地铁线之一。

上 看见字母 C，就是进入收费区域了

中 汽车专用道

下左 醒目的标志牌

下右 社区道路停放的私家车

他们那一套...... 199

"自讨苦吃"的公仆们
Public Servants, Private Grief

> 当我把同样的内容与英国朋友交流时，他们对此颇不以为然，大家觉得公仆、政治人物不应享有特权，但却必须接受媒体和纳税人更严格的监督，为社会树立良好榜样。

英国首相卡梅伦是自行车爱好者，一向支持公众绿色出行，减少环境污染，缓解交通拥堵，他常常骑自行车上下班，这本是出于公益的好事儿，但因为像平常人一样疏忽大意和"耍小聪明"，却给自己招来了"麻烦"。

事情的起因是 2008 年的 3 月 21 日，当时还是在野保守党领袖的戴维·卡梅伦骑山地车从位于伦敦西区的诺丁山家中出发去威斯敏斯特议会开会，为了赶时间他一路飞奔，没想到后面却有《每日镜报》的记者暗中"盯梢"，而且还真捕捉到了他违反交通规则的"现行"，包括 BBC 在内的各大媒体也跟着"小炒"了一把。

《每日镜报》记者拍下了卡梅伦在 30 分钟的行程中闯红灯、逆向驶入单行道和上错车道的录像，记录下每一个细节，甚至精确到几时几分，然后配上相应的交通法规，让读者看看他到底违反了哪一条，这个不大不小的"新闻"成为了那几天英国人关注的焦点。

第一幅图片是卡梅伦刚好通过路边树立的醒目禁止通行标志牌，录像显示卡梅伦曾瞄了一眼，但是好像视而不见。地面上也有大大的标志提示正确的行驶方向。图片上还配有各种文字说明和解释，"交通部门的'道路交通

200

上左 卡梅伦驶入单向车道
上右 闯红灯
下左 没有按照规定从左侧绕环岛
下右 再次闯红灯，不远处就是英国议会所在地
（图片来源：Daily Mail）

条例'规定道路使用者必须遵守交通信号，否则将面临处罚。这项规定对骑自行车者和驾驶摩托车者同样适用。"

上午 8 点 53 分的时候，这位 41 岁的政治家可能觉得要迟到了，所以干脆闯了红灯。自行车安全组织"红灯停"的发言人表示：他的行为令人失望。"理查德·乔治骑自行车者旅行俱乐部"也站出来讲了一个显而易见的常识：这种行为很不明智，骑车者应该等到绿灯亮了再通行。

在接近议会时，卡梅伦没有按照规定从左侧绕行安全岛的护柱，而是直接从右侧穿过去了。当通过最后一个红灯，即将进入议会的院子时，图片显示，他的自行车前轮越过了白色的线，也就是说他又一次闯了红灯。"红灯停"组织表示：卡梅伦不仅在道路上做了危险的事情，而且还给骑自行车的人做了一个不负责任的示范。

其实，早在 2006 年，媒体就曝光卡梅伦自己骑自行车上班，但是却跟着一辆轿车，专门为他载公文包、文件和鞋子，有画蛇添足和做秀的嫌疑。而《每日镜报》拍摄的画面中，卡梅伦的山地车上加了一个挎篮，自从被媒体监督，他改为亲自携带这些用品了，只是顾此失彼，又犯了新错误。

媒体报道出来后，卡梅伦立即向公众道歉，他说："我知道遵守交通规则的重要性，很明显我犯了错误，对此深表歉意。很高兴《每日镜报》对我进行监督，这将规范我的行为。"从图片上看，当时有不少人也闯了红灯和没按照规定路线行驶，不过公众和媒体对政治和公众人物的要求更苛刻些。

这件带有小报性质的曝光因为卡梅伦的道歉而平息，没想到 4 个月后，卡梅伦又因为自行车成了新闻焦点，幸好，这次犯错误的不是他。

2008 年 7 月 23 日，回家途中的卡梅伦顺便去超市买点沙拉酱，转眼的功夫，停在门口用锁链拴好的自行车就不见了，那可是朋友送给他的礼物，"是无价之宝，我骑着它 5 年了，"卡梅伦对此深表遗憾。据超市监控录像显示，这辆银黑相见的斯科特牌自行车是被一帮小混混"顺"走的。因为此事成为英国第二天各大报纸争相报道的焦点，没几天，就物归原主了。

小偷们似乎对在野党领袖的车子格外青睐，时隔不到一年的 2009 年 5

月6日一大早，正当卡梅伦打算骑车去参加议会例行的辩论时，却发现7点30分还停在门口的车子居然又一次"消失"了。结果，卡梅伦只好向同事借了一辆自行车，才按时赶到会议地点。英国在野党领袖自行车两次被盗的经历反应了这样一个事实，英格兰和威尔士一年要丢11万辆自行车，而据说实际数字是这个的三倍，不幸的是，酷爱骑自行车的卡梅伦也没能幸免。

考虑到骑行者的安全，也为了让机动车容易识别，在英国骑自行车是要穿专门的反光服和带头盔，晚间还特别要求自行车的前后要安装警示灯，不然就是违法，但是像很多普通人嫌麻烦一样，卡梅伦也不喜欢骑车戴头盔。

2010年4月7日，他没戴头盔上路的事情被媒体披露后，又引来了"预防受伤和意外事故组织"的抗议，他们认为卡梅伦继闯红灯后又一次给公众做了不好的示范。不过，也有支持卡梅伦的，"全国自行车组织"的负责人就认为，把不戴头盔与"危险"和"不负责任"联系在一起是无稽之谈，如果为了身体健康、交通通畅、环保低碳和经济实惠而鼓励大家多使用自行车的话，就要让大家即便是身着普通的服装也能享有安全和舒适的日常骑行。

此时，距离2010年5月11日，卡梅伦在大选中战胜前保守党首相布朗，当选英国最年轻的首相只差1个月零4天。

同样来自保守党，2008年当选伦敦市长的鲍里斯也喜欢骑自行车上下班，一蓬像稻草似的乱发是他很鲜明的个人特征，他也因为不喜欢戴头盔遭到质疑。一天骑车停在十字路口时，旁边一起等待红灯的伦敦市民认出了鲍里斯，但这哥们很不客气地问他："你为什么不戴头盔？"在公众眼中，交通规则对所有人都是一样的，市长也不能例外。

鲍里斯为此专门通过媒体向公众解释说："我是不想让自己的头发变成头盔的形状"，但既然已经被"质疑"了，就是再不喜欢也得遵守法规，于是媒体拍到了鲍里斯在伦敦街头西服革履，戴着头盔，身背双肩包骑车的"滑稽"镜头。有媒体和公众的监督和关注，既能规范名人们的行为，他们也能很好地利用这些所谓的"负面报道"来塑造形象，此为"危机公关"的法宝之一，我的英国朋友就觉得"一个能知错就改的人值得信赖"。

上 路人拍到的卡梅伦丢失自行车后打电话
下左 常常被媒体监督的在野党领导卡梅伦　下右 穿西服戴头盔和扛背包的伦敦市长

估计有读者习惯性地认为鲍里斯骑自行车也是为了做秀，以显示他的亲民，那么，发生在 2009 年 11 月 2 日的一件事情也许能证明这种臆断有失偏颇。

这天晚上，英国纪录片导演弗拉尼·阿姆斯特朗走在伦敦北区回家的路上，年初 2 月，她刚刚推出了一部反应全球气候变化的新片《愚蠢时代》。就在弗拉尼边走边专注于手机上的短信时，突然路边闪出三个像好莱坞电影里打扮的街妹，她们身穿连帽上衣，其中一人手舞铁棍，将弗拉尼重重地推到一辆轿车旁，准备实施抢劫。

此时，一名男子刚好骑车经过，弗拉尼见状大声呼救。路人停下车来，冲着惊慌的她们喊："你们知道自己在干什么吗？"然后冲上去抢下铁棍，并且骑车追赶仓皇逃跑的女孩们。

几分钟后，吓跑袭击者的男子返了回来，他坚持要送弗拉尼回家，惊魂未定的女导演这才发现"见义勇为者"看起来好面熟，原来是伦敦市长鲍里斯。就在这 20 分钟的路途中，弗拉尼不失时机地向市长推介自己新片中提出的"10:10"理念，即鼓励每一位英国人在 2010 年减少碳排放 10%，她建议鲍里斯能考虑在伦敦地铁里采纳这一倡议。

作为感谢，弗拉尼赠送了一枚"10:10"计划的徽章和《愚蠢时代》的碟片给鲍里斯。面对后来得知此事前来采访的媒体记者时，她称赞市长就像一名"驾驭闪亮自行车的骑士"，尽管她是被鲍里斯击败的老市长肯·利文斯通的支持者，但弗拉尼不得不承认："如果你发现自己陷入了黑暗小巷和麻烦中，我想鲍里斯比利文斯通会更有用些。"

年轻的鲍里斯喜欢骑自行车，年长的利文斯通则常常选择地铁出行，但是 2009 年 3 月 17 日，他却因为乘车没买票而受到质疑，成为媒体焦点。当时已经卸任的"老首长"乘火车从伦敦的帕丁顿火车站前往伯克郡，按照规定，应该购买 7.5 镑的单程车票。出站时，没票的利文斯通说自己赶火车，怕迟到就没买票，工作人员让他补了票然后放行。铁路公司的发言人说：如果乘客的解释充分合理，火车站的经理有权免除罚款。因为利文斯通是初犯，而且他们决定不对利文斯通进行处罚。

担任伦敦市长期间，利文斯通曾经警告逃票者：对占公家便宜的人实行"零容忍"。这次该自己面对质疑了，因为无票乘车至少要被罚款20英镑。"纳税人联盟"的马克·华莱士表示，铁路公司的解释很虚伪，仅仅因为是名人，利文斯通被免除罚款，而其他人使用同样的借口则早就被检举了。自由民主党的发言人诺曼·贝克也说这件事传递了一个错误信息，提供了一个糟糕的范例。

无独有偶，2008年4月21日，英国前首相托尼·布莱尔乘地铁去希斯罗机场赶飞机到美国参加一次演讲，结果发现前一天助手给他准备的零钱找不到了，而乘客既可以提前买票，也可以在车上补票。虽然随行的保安人员打算替他支付24.5英镑的费用，但是检票员还是让布莱尔通过了。

这也招来了公众的质疑，一个旅行者组织表示，他们对布莱尔享受的"特权"表示愤怒；地铁乘客说：应该一视同仁；"15分钟的路程就要我15.5镑，"有人借此表达对伦敦高昂交通费的不满；一名妇女也没掩饰自己的惊讶："他为什么没像其他有钱人一样去打出租车。"或许，这也是不少中国读者的疑问，即便是"退役"首相，也不至于自己掏钱乘坐地铁呀。那么，"现役"首相是否应该区别对待呢？

2011年4月8日，《每日邮报》刊登了一幅首相卡梅伦和妻子萨曼莎在斯坦斯特德机场普通候机厅的照片，两人看起来并没有享有什么特殊待遇，而是等到其他乘客都登机了才走进通道。图片拍摄者是同机乘客，对卡梅伦携夫人度假如此低调有些惊讶，他说："看到首相夫妇出门度假时跟普通人一样，这让我觉得很欣慰。"

这是卡梅伦当选英国首相后第一次出国度假，目的地是西班牙南部的马拉加，为期两天的行程是为萨曼莎提前庆祝40岁生日。这趟廉价航空没有头等舱，同时段的来回机票每人152镑，住的是中等的3星级家庭酒店，双人间每晚120欧元，约合105英镑。即便不是公家掏钱，以卡梅伦的资产也不至于如此节俭，就连一些英国媒体和公众也质疑这是不是为了亲民而安排的一次"勤俭秀"。

三个月后，卡梅伦提出从环保低碳排放的角度考虑，他要求所有大臣和公务员出行只能乘坐经济舱。在随后首次出访美国的行程中，放弃政府包机，改乘商业航班，然后从华盛顿乘火车去纽约，抵达之后与纽约市长布隆伯格一起在街头品尝热狗，东道主请客，花了 2 美元，其中还包含小费。

这些前任和现任的"公仆"们如此低调出行，除了自身的自律以外，其实更多是源于英国政府和公务人员的定位，他们是以服务公众为己任，而不是以高高在上的管理者自居。英国的政府政绩考核主要标准有三条，第一，是否尽可能少花钱多办事，以最少的资源取得最好的效果；第二，是否花得好，通过比较投入资源和产出效益进行评估；第三，是否花得明智，通过比较预期效果和实际效果进行评估。

早在 2004 年，英国下院首次公开 2003 年度经费开支报告，让公众了解公务经费是怎样支配的，其中包括时任首相的布莱尔在内的 659 名议员的差旅、住房和办公等费用，结果人均 11.8 万英镑的花销引起公众不满，媒体也纷纷报道。有报纸还刊登文章给议员们如何省钱支招，比如平时乘坐公交车和地铁，多走路和骑自行车，乘火车和飞机也别选择头等舱，并且提前购好回程票，这一算，不仅能节省上千万英镑，还有益身心。

我曾经把这些新闻和故事说给中国朋友听，他们的反应是卡梅伦、鲍里斯、布莱尔和利文斯通简直是"自讨苦吃"，按照我们的思路和逻辑，无论是在野党领袖，还是世界大都市领导，都是重要的政治人物，理应享受专车接送的待遇，何必自己亲自骑车上下班和乘坐地铁出行。而当我把同样的内容与英国朋友交流时，他们对此颇不以为然，大家觉得公仆、政治人物不应享有特权，但却必须接受媒体和纳税人更严格的监督，为社会树立良好榜样。

作为政客，偶尔在媒体面前做一次秀容易，难的是一直做下去，那就不是用"秀"能简单解释的，而是制度的结果；作为媒体，按照上级指令，配合做一次"正面报道"容易，但本着媒体独立原则对当权者们的所作所为进行坚持不懈的监督则难能可贵，让"人民的公仆们"不以能指使媒体为宣传工具沾沾自喜，对舆论和公众心存敬畏，即便是那些看似微不足道的小错误也不敢掉以轻心。

上 鲍里斯、卡梅伦和布莱尔乘地铁出行，在车厢里和其他乘客一样读报
下 卡梅伦和妻子萨曼莎在候机厅

乡村撒切尔
Thatcher Country

> 扒掉茅草房，盖上千篇一律的砖瓦楼，甚至只是靠粉饰乡村临街农舍的外立面，以造成所谓"焕然一新"的错觉，并不能说明生活质量的真正提高。如何在传统的基础上，不以追求外在形式的改变而获取虚荣，因地制宜地发展传统工艺，使之不仅具有实用性，更有观赏性和保留价值则体现出一种更高的境界。

为了统一风格，老式茅草房的加盖部分也采用相同工艺，新旧相得益彰

20 年前，如果问中国人他们知道的最有名的英国人是谁，估计得到的答案十有八九会是：玛格丽特·撒切尔。这位英国历史上，也是欧洲历史上第一位女首相，素有"铁娘子"之称，她执政 11 年，通过一系列大刀阔斧的改革，带领英国走出低谷，成为 1827 年以来唯一一位连续三次大选获胜的首相。

不过，可能很少有人知道大名鼎鼎的"撒切尔夫人"原名其实是"玛格丽特·罗伯特"，"撒切尔"是她与丈夫丹尼斯·撒切尔结婚后改的姓。而"撒切尔"这个在英国乃至全世界知名度很高的姓氏则源自中世纪，指的是一种古老的手工行业 ——葺屋顶者。这是一种帮人用茅草建盖屋顶的职业，由此我们也可以判断女首相丈夫的祖先在若干年前，也许就是为千家万户建盖遮风避雨屋顶的手艺人。

"茅草"是人类最早使用的建筑材料之一，有一万两千多年历史，使用稻草建盖房顶的建筑最早出现在非洲和亚洲，而用这种材料作为房屋的主要墙体要晚很多年。不列颠人开始使用这种材料可以追溯到公元前 500 年，葺

屋顶正式成为一门谋生的手艺则是在中世纪。随着生产方式转变，人们从散居逐渐集中到村镇居住，需要建盖大量房屋，制造工艺并不复杂，曲木搭建框架，枝条编制篱笆，外面涂抹泥浆作为墙壁，由于这种建筑承重能力有限，质地很轻、成本不高、保暖、易于更换，比想象要更经久耐用的稻草就成为再好不过的房顶材料。

经过实践和总结，用在建筑上的稻草看似简单，但还有不少要求和标准，其中长度在1~2.5米、平均为1.6米的稻草最理想；直径为5~10毫米；笔直，有一定强度，同时又不失柔韧性；不能有叶子；稻草的一端要逐渐变细，并且是空心的。

学过英文的读者可能都知道，在英语俚语中，"天上落下猫和狗"是用来形容倾盆大雨的，但很少有人知道这个令人匪夷所思、充满画面感的生动比喻却是来自茅草屋顶。

天高云淡的日子里，厚厚的茅草屋顶上面空气清新，阳光充足，鲜有人打扰，于是便成了小动物们的"天堂"。小猫和小狗常在上面行走，小老鼠、小鸟和各种小虫子也不会放过在这堆暖和的稻草中安家落户的好机会。但英国的天气说变就变，刹那间大雨倾盆，猝不及防，光溜溜的稻草立马变得湿滑，正在溜达的猫啊、狗啊仓皇避雨时难免"失足"从房顶上滑落下去，于是便有了那个形象的描述。我虽没见过下雨时"从天而降"的猫和狗，不过记忆中小时候曾经捡到雨天从屋檐上掉下的刚出生的小老鼠。

从十九世纪起，英国乡村开始大规模采用这种建筑形式建造房屋。1800年前后，仅英格兰就有95万座茅草屋，至今还有24000座茅草屋受到政府严格保护，是欧洲保留茅草屋最多的国家。同时这些建筑还被列入英国遗产名录，成为英国乡间不可或缺的景观。

工匠们把稻草或者芦苇一捆捆码好，层层叠叠铺在屋顶上，然后像理发一般修剪整齐，再用特制的金属网罩着，根据不同建筑式样塑造成不同形状。新盖屋顶一般是金黄色，在阳光下熠熠生辉，随着风吹日晒，颜色逐渐加深，最后变成黑色。这种屋顶的使用寿命为25~50年，通常维修时处理和更换的都是最上面的一层，令人惊讶的是，有的老屋顶打底的一层草居然还是 600 多年前最初盖房子时就铺上去的。

因为屋顶的坡度很大，茅草屋远看就像浓密的头发压在一颗小脑袋上，而且窗户和门上还会做特殊的处理，像眉毛和胡子，十分卡通，像时髦的金发女郎，或者顽皮的大男孩。因为形象上的酷似，英语单词里也用"thatch"来形容乱蓬蓬的头发，2008 年 5 月当选伦敦市长的鲍里斯就是这种发型。

茅草房因为重量轻，一般盖两层比较合适，而且如果外面的保护层不够好，容易让老鼠等小动物趁虚而入，损毁房屋内部结构，所以石灰泥浆很重要，为了防水采用薄膜隔离的同时，还要让自然产生的水汽能散发出来。防火要求高，手工制作价格贵，容易受到气候因素的影响，看似简单的"废物利用"其实有很多技巧和学问，造成建盖和维护成本增加。

2009 年，一向受到保护的乡村茅草屋就面临由气候变化带来的问题，"全国茅草屋顶工大师协会"的负责人玛乔丽·桑德斯说，温暖、潮湿又缺少阳光的冬季造成茅草屋顶被霉菌和苔藓侵蚀，影响屋顶的使用寿命。更糟糕的是随后而来的多雨夏季，因为农作物收成不好，致使更换、维修的主要原材料 —— 稻草和麦秆供应紧张，价格飙升。

按照英国遗产协会的规定，如果茅草屋的所有者没有妥善保护好这些登记在册的"古董"，或者没有使用传统的稻草、麦秆工艺维修老房子，将会面临两万英镑罚款,甚至可能坐牢，这让业主很紧张。玛乔丽·桑德斯说:"2008 年，一些地方有 35% 的稻种没有播种，秋季欠收，造成高质量的麦秆和稻草紧缺，现有的原料库存价格从去年每吨 600 英镑上涨到现在的 1600 英镑。所以，大家面临的是用两万英镑维修，还是被罚同样金额的款，政策确实需要灵活些。"

面对自然的不可抗力和群众的呼声，英国遗产协会表示同意行业协会的建议，"我们也为糟糕的天气造成的欠收担心，所以建议茅草屋的所有者考虑在下一个好收成来临之前，进行临时修补，而不是彻底维修。我们支持大家使用本地特有的材料，比如芦苇杆，但要在我们的指导下工作。"

NATIONAL
COUNCIL OF
MASTER
THATCHERS
ASSOCIATIONS

上　麦秆建房的各道工序
中　行业协会的标志
下　葺屋顶是门手艺活

上　一幢茅草房的建盖过程和内部陈设
下　英国一处乡村农舍维修前后的对比

据说现在每年有差不多 50 座上了年纪的茅草屋面临遭到破坏和即将消失的危险，这种古老民居数量减少的原因有很多，比如有更便宜的替代品、保险价格高，以及有些人觉得不够时尚。而另一方面，从二十世纪 70 年代起，茅草屋又有了复苏迹象，这得益于技术手段的改进和人们对传统文化的认同，英国每年都有专业组织评选"茅草屋大师"，颁发年度茅草屋建筑奖，以此推动这项传统工艺的使用和传承。当然还有环保理念深入人心，《麦秆建房》一书的作者芭芭拉·琼斯说英国每年有大约 200 万吨稻草、麦秆，用它们替代砖块从环保的角度是很有意义的。

现在，有不少建筑商和机构推广"绿色计划"，设计、建盖这类用稻草、麦秆为主要原料的建筑。英国郊外的新建普通民居不少都采用这种工艺，一般是先处理好地基，在工厂里按照设计图纸制作好框架和建筑构件，然后运到工地组装，再填充经过特殊加工的稻草和麦秆，最后用石膏等装饰材料覆盖，方便快捷。房屋重量轻，保温、防火，还防震。

通常情况下，建盖一座 186 平米的房子，需要 300 捆标准的三卷麦圈，每平米的造价在 220 ~ 280 英镑之间。现在用作建材的"废物"在硬度、直径、长度、干燥程度等方面都有更高的质量标准，保证建好的房屋住着放心。我在伦敦居住的房子墙体就是麦秆填充的，用手轻轻敲击，能听出是空心的，但是不用担心质量。

媒体也积极介绍和推广，英国电视第 4 频道的一个生活类节目《宏伟计划》就曾在全国年度建材展会上，用一周时间直播一幢三层楼的房子是如何拔地而起的，每天让现场和电视机前的观众看到施工的情况和进度，直观、生动、有趣。日常播出的节目中也能看到有人不惜花费比新建房屋更大的代价去整修老式茅草屋，外面保留原汁原味的老房子格局，里面则进行改造，现代设施一应俱全，别有一番情趣。

中国是个农业大国，秸秆等"废物"的数量巨大，属于占地方、运输成本高的特殊废物，如何处理一直是个难题，焚烧便成了最简便的方法。于是收割过后，很多地方的田间地头便燃起一堆堆的火，空中烟雾缭绕，乌烟瘴气，颇为"壮观"。据报道，因为焚烧秸秆，2010 年 5 月 25 日，成都市中心的空气污染指数达 255，为中重度污染，老年人和儿童的呼吸道疾病人数猛增，更严重的是因为能见度太低，甚至威胁到飞机起降和航空安全。

最终焚烧秸秆地区的基层领导受到处分，他们也道出了自己的"苦衷"："现在还没有一套切实可行的利用方法。"四川农业大学专门研究这个问题的陈强教授则认为："目前，秸秆作为燃料，密度低，储存空间大；作为饲料，成分单一；用作建材，收购成本高，市场竞争力不足。"

在我看来，除了这些"废物"的缺点带来处理的难度之外，政策和引导的问题更突出，"社会主义新农村"的建设，或者说体现农村翻天覆地变化的标志之一便是农民朋友们扒掉自家破旧的茅草房，盖起了砖瓦房，自然也就不会有更多的人关注如何用他们最熟悉的材料，提高工艺和建筑水平，提升居住质量。一边是挖土烧砖，一边是焚烧秸秆，该保护的宝贵土地资源没有有效保护，该利用的大量再生资源没有引起足够重视。

如果说古人使用麦秆、秸秆、芦苇、稻草盖房子是受技术、材料等的限制，不得不发挥聪明才智，就地取材，因陋就简，歪打正着地把这门手艺发展成为特色，甚至是"艺术"，那么，今天继续使用这些可降解的"生态"资源则已经和贫穷、富裕没有什么关系，体现的是人们对环保、便捷、传统和文化的重新认识。

扒掉茅草房，盖上千篇一律的砖瓦楼，甚至只是靠粉饰乡村临街农舍的外立面，以造成所谓"焕然一新"的错觉，并不能说明生活质量的真正提高。如何在传统的基础上，不以追求外在形式的改变而获取虚荣，因地制宜地发展传统工艺，使之不仅具有实用性，更有观赏性和保留价值则体现出一种更高的境界。

拯救博勒市场
Saving an Old Market

　　伦敦的那些白领是幸福的，他们可以在一座拥有几百年历史的农贸市场里享用午餐；我们这些旅游者是幸运的，可以像几百年前的伦敦人一样穿行在透过顶棚照射下的阳光中去品味来自世界各地的美食。

　　和一位旅居伦敦十多年的朋友闲聊，问他周末一般都干什么，他说有时会去家附近的农贸市场，倒不是为了买东西，而是在那里可以免费品尝各种食品。这哥们儿说得有声有色，听得旁边的几个人直咽口水，恨不能马上也去。

　　转眼过去一个多月，我带一位刚到伦敦的中国留学生去警察局办理登记备案手续，办完事后，因为此地距离泰晤士河边的伦敦桥南岸不远，那里有座600多年历史的哥特式建筑——索思沃克大教堂，便一个人步行过去逛逛。

　　没走多远，从一个岔路口望进去，里面人头攒动，好不热闹，我心想一定是个什么有意思的"好去处"，于是跟着人流走过去，迎面看到的是一座典型英国工业时期的钢架结构建筑，拱顶下面"扣"着一个巨大的农贸市场，光线从玻璃顶上透下来，在薄雾和烟气的折射下，形成一道道光柱。忽然想起了不久前朋友提到的农贸市场，难道这里就是那个可以免费品尝各种美食的地方？我绕到市场另一侧的入口处，上面写着"博勒市场"，还真是朋友说的那个他周末经常去"游荡"的地方。

　　市场的雏形在罗马人统治时期就已经存在，最早的记载出现在1276年，1756年正式在现在的位置落成，当时占地4.5英亩，因为靠近泰晤士河，交

通便利，逐渐成为伦敦最重要的食品市场之一。

现在这座维多利亚风格的建筑是 1851 年设计的，1932 年在市场入口处新增加了"装饰艺术风格"， 2004 年使用皇家歌剧院花卉大厅柱廊改造中拆卸下来的构件，经过数次扩建和翻修，形成今天的规模和样式。不同历史时期的元素，为这座食品批发市场增添了不少艺术气息和历史的厚重感。

博勒市场的主业是批发，周一至周五每天凌晨 2 点至 8 点营业，零售市场的营业时间则不统一，只在周四上午 11 点到下午 5 点、周五上午 12 点到下午 6 点、周六上午 9 点到下午 4 点开张，整个市场经营时鲜蔬菜、花卉、水果、糖果、酒类、咖啡、奶酪和肉制品等。

来自英国不同地方的人们在这里进行交易，经营者会很自豪地告诉你这是"地球上最大的食品市场和英国品质最高的市场之一"，在这里可以找到世界各地不同文化背景的食品。

我到达时正值午餐时间，市场里人头攒动，最热闹的要数卖三明治和汉堡的摊位。老板面前是各种调料瓶子和配料盆，味道不同的肉饼和烤好的面包片热气腾腾，两片面包、一根火腿肠，配上一些蔬菜和调味酱，汉堡就做好了，价格是 3.35 镑。汉堡的种类不少，有的还是夹牛肉的、鱼肉的，生意都很不错，怎么看怎么像肉加馍和煎饼果子。这种在中国通常要到麦当劳和肯德基等洋快餐店里才能吃到的东西，在博勒市场里就像地摊上的风味小吃一样充满了烟火气息。

有一个摊位前的老板兼伙计是位美女，戴着手套，飞快地往烫手的面包里添加各种配料，几秒钟就能做好一个，动作娴熟，忙得不亦乐乎，秀气的脸上不知什么时候抹上了一块烤焦的面包渣，她则全然不知，专注地招呼着客人。顾客们大都西装革履，基本是附近写字楼里工作的白领们，他们根据自己的喜好在不同摊位前排队购买，然后几个人一群站在市场外就着一杯咖啡或者啤酒吃下，这就是他们的午餐。

市场里还有卖各种肉制品的，其中一家火腿店的两个伙计正在仔细地从整只火腿上把肉片下来，分成小包装。见我用相机对准他们拍摄，其中一个

琳琅满目的食品（图片来源：Check in London）

上　琳琅满目的食品　　下　现场制作的热气腾腾的酒饮料

手脚麻利的店家

伙计伸手递给我一片。因为从来没有吃过生火腿，我犹豫了一下，他笑着说，"试试！"并用鼓励的眼光看着我。我迟疑地把生火腿片送入嘴中，味道确实不错，鲜而不咸。如朋友所说，在这里还能品尝各种甜点、奶酪、啤酒、红酒等，既饱了眼福，又尝了鲜。

整座市场很大，品种繁杂，因为有肉制品，地上不可避免地粘着油渍，但是整体来说干净整洁，无论是卖什么的，老板都精心擦拭自己的柜台和用具，认真码放好货品。没有污物遍地、脏水横流、臭气熏天的情况。

这里不仅是买食品的好去处，也是很多英国电视厨师制作节目的天然演播室，不少电影也在此取景，著名的有《哈利·波特与阿兹卡班的囚徒》、《BJ单身日记》、《两杆大烟枪》等。走到出口处，看见一个电视摄制组正在拍摄，这种情景在博勒市场已经是司空见惯了。这些电视人也像旅游者一样把市场当成了反映英国人生活的一个侧面，透过这扇"窗口"了解英国人的活色生香。

英国城市形成的过程伴随着农贸市场的发展变化，中世纪时大家选择便利的空地自发交易，商贩们从摆地摊到支起临时货篷，后来为了便于商品的储存和加工，逐渐盖起了房子，前店后厂，并因为不同阶级的需要分出档次。经年累月，到了19世纪，工业化带来变革，很多人进入城市，他们需要居住和工作，但没时间和空间自己种植食物，对市场的依赖性更强。于是市场及周边区域规模不断扩大，聚集了各种手艺人、货品齐全、生活便利、区域中心和主要街道围绕着市场遍布开来形成街区，那些赚了钱的经营者又投资翻盖新建筑，上面住人，楼下营业。所以，英国几乎每一座城市的市中心都有一条商业街名叫"高街"，就是这样发展而来的。

由于博勒市场所在的泰晤士河南岸具有特色鲜明的伦敦街景和城市布局，有特殊的历史和建筑价值，二十世纪70年代中期这一地区就被列为"行政区高街保护区"，但即便这样，博勒市场还是差点被拆除。

1991年，英国铁路部门提议投资55亿英镑建设一条穿过伦敦的南北向铁路，项目名称为"泰晤士纽带"，计划加长和改造已有车站的站台，增加新的铁路设施和机车。工程一旦实施，博勒市场很大一部分建筑和与它相连的 20 座列入英国二级名录保护的房子将会被拆除，这样势必会影响到这一片区的历史风貌，引起不少人的关注和反对，他们发起了一个名为"拯救博勒市场"的运动。

英国国会下院议员西蒙·休斯表示很欢迎"泰晤士纽带"项目，但是他认为，如果因为建设铁路而破坏了博勒市场的特点和品质，当地社区居民是不会原谅政府和铁路部门的。西蒙说："在当地居民、企业和议员的支持下，我将为了保护市场的历史特色和建筑竭尽全力，我们不能用破坏有价值的历史遗产来换取未来。"一位自由民主党的成员也说这个市场所处的区域是伦敦历史文化的一部分，同时也是南岸遗产保护不可分割的内容。

最终，经过多次质询，双方达成一致，"泰晤士纽带"项目在拖延很多年后，于 2006 年获得通过，2009 年开工，预计 2018 年完成。调整后的项目工程计划在最大程度上保存现有的博勒市场和周边区域。2010 年，位于行政区高街上的两座妨碍工程的建筑被拆除，而市场主体则被保留了下来，继续在铁路高架桥下运转着。

其实，从 1860 年在附近第一次修建铁路时这座农贸市场就面临搬迁的危险，但它总能在很多人的争取下得以保留。了解了市场在城市发展中所起的作用后，便不难理解为什么人们如此珍视这样一个貌似并不起眼的地方，因为它蕴藏着丰富的人文信息，是这个地区历史的重要一环，不能轻易抹去。

我再次造访博勒市场是 2011 年 1 月一个周六的下午，阴雨多日之后，天空突然放晴，这给游客和顾客们增添了不少情趣。人头攒动自不必说，每家摊位前更是生意兴隆，人们根据自己的口味和喜好，排队购买各种美食。巨大的圆弧拱顶上，通往卡侬街火车站的列车不时从上面通过，隆隆的响声和振动一点也没有影响到下面市场的交易，却反而变成了一个很独特的元素。

经过重新规划后的市场，与索思沃克大教堂连在一起，夕阳照射下，金黄的教堂折射在市场餐馆的玻璃幕墙上；不远处，一座造型奇特的建筑正在拔地而起，它就是将于 2012 年完工的"伦敦桥塔楼"，玻璃外观将与周围

上 古老的教堂、喧嚣的市场与现代化的高楼共存在铁路高架桥的两侧，互为风景
下 为了阻止修建铁路的计划，市场刊登出了 1910 年的老照片，并用绿底白字强调了这个"有历史的博勒市场面临着 2000 年轨道发展计划的威胁"

的老城区形成强烈反差；穿过幽暗的桥拱，便是泰晤士河，古老的船坞停放的是 15 世纪的西班牙大帆船，它曾经环游世界 14 万英里，伊丽莎白一世下令保护，并使其成为世界上第一座海事博物馆；走过湿漉漉的狭窄街道，一面残垣断壁映入眼帘，它曾经是罗马人时期修建的教堂的一部分，也是伦敦中世纪最大、最重要的建筑之一，已经列入了"英国遗产"保护，正在根据仅存的这面墙，建设配套的现代建筑，供人们参观……

现在，博勒市场已经成为泰晤士河边一个集旅游、休闲、美食、宗教和体验伦敦人日常生活的好去处。在这里，历史与发展交织，生活与时尚同存。一座城市布局和功能的形成是经过长时间社会、历史、文化变迁和积淀的产物，今天的老街区就是过去的新城区，现在成为旅游热点的农贸市场当年也就是街边的一个农产品交易地点，取代老房子的新建筑将成为这里的新成员，一切都不是一成不变的。所有这些变化，有发展过程中不得不做出的妥协，有顺其自然的新陈代谢，不是一蹴而就和急功近利的运动式改造和拆迁能完成的。

正如市场旁工地上打出的口号"搬迁和完善"一样，如果没有多年在同一个位置上的经营和发展，如果没有歌剧院建筑构件的搬迁和在这里重组，如果没有因为铁路项目的修建带来的抗争和改造契机，如果没有"保护为先"的思路，市场不会拥有如此丰富的沉淀和韵味。

在英国历史中徜徉时，我的思绪总会不自觉地回到中国。中国西南有一座以四季如春闻名的城市，在市中心曾经有一条街道名为"尚义街"，从上世纪 80 年代最初自发形成，到后来经过有意识的培育，成为全国知名的花卉批发零售街市，吸引着来自各地的游人。遗憾的是，在风起云涌的城市拆迁改造中，这条独具特色的街道没能幸免，让步于政府的"开发"，在短时间内被拆除，城市的一张名片就这样毁于商业开发，不能不让人觉得惋惜和遗憾。

其实，放眼中国的各座城市，消失的又何止是一条"花街"，正是在一次又一次拆旧筑新的建设中，我们的城市越来越难以找到历史的踪迹，看到的都是一个个干瘪而空洞的地名，以及与周围环境很不协调的、充斥着旅游商品的"伪文物"。为了打造所谓的"城市形象"，修建一条条仿古街，新建一座座"老房子"，却拆除了真正的老房子、老街区，结果是很多昔日的"历史文化名城"变得徒有虚名，浅薄而可笑。

也许在有些官员眼中，一个"卖菜"的地方没有什么历史文化可言，但英国人却很珍视这些看似不起眼的地方，这是他们很多代先人生活的一部分。伦敦的那些白领是幸福的，他们可以在一座拥有几百年历史的农贸市场里享用午餐；我们这些旅游者是幸运的，可以像几百年前的伦敦人一样穿行在透过顶棚照射下的阳光中去品位来自世界各地的美食。

这让我想起了英国一位考古学家在一座教堂录制鉴宝节目时说的一番话："当清晨的第一缕阳光穿过教堂窗户的彩色玻璃照在流动的人群身上时，我不禁赞叹道'太棒了！'因为那看起来很像是中世纪的某一天，也许那时一个集市也正在教堂里举行，我们展现的是不列颠历史的一个小小片段。"

身边的绿色空间
Green Space with Me

> 伦敦市长鲍里斯·约翰逊 2008 年上任后干的头几件事之一就是带头植树，因为他在参加市长竞选时就曾经批评伦敦的绿地太少，树木太少。

2007 年 1 月来英国前，得知建成于 1863 年的世界上第一条地铁"大都会线"经过我的住地附近，站名叫作"北威克公园"，听起来是个不错的地方。到达伦敦当天已经是下午 6 点多，因为是冬季，天早就黑了，虽然"新家"紧挨着这座公园，但是黑灯瞎火的，并没有看清它的真面目。

第二天，由于时差的原因，早早就醒了，百无聊赖地等到天色发白，打开窗户透气，这才发现自己居然面对着一片大草地，这个"惊喜"让我的倦意顿时消失，赶紧穿衣下楼，步行几分钟便来到了神交已久的"北威克公园"。

冬日的伦敦郊外，濛濛细雨无声无息，空气中弥漫着湿漉漉的青草香味，远处的铁路线和住宅在雨雾中若隐若现，一排排红色房顶上烟囱冒出的热气让沉寂一夜的城市开始显露出生机。走近才发现其实所谓的"公园"就是一片巨大的草地，周围没有围栏，而是遍植树木，宽阔而平整，显然经过精心的维护和修剪，即便是冬天也仍然保持青绿。

头天晚上穿过的地铁隧道口处，更是有几株大树盘根错节，镇守着公园的一角，很像屏风，挡住了来来往往行人一览无遗的目光，有点中国园林的味道。此时，周围树木的叶子都落光了，露出它们"苗条的"身形，高低错落，骨感十足，颇具典型的英国韵味。

乌鸦落在光秃秃的树枝上，叫声在空旷的草地上格外刺耳，不仅大有中国古代山水画的肃杀意境，也与经典电影中的英国场景吻合。围绕公园的小道不时有晨练者跑过，紧随其后的是自家的小狗，或者是急匆匆去赶地铁、神色凝重的俊男靓女，大家互致问候，或者相对一笑，我的英伦生活就在这样一个萧瑟的冬日清晨开始了。

北威克公园也是提供体育锻炼的场地。英国人喜欢板球[1]，每当风和日丽的天气，就会看到一群群年轻人身着白色运动服在草地上打球。板球起源于英格兰，又名木球，由两队各十一人进行对抗，因为崇尚体育精神和公平竞赛，被视为"绅士的运动"。

后来这项运动被带到英国在世界各地的殖民地，比如印度、孟加拉和尼泊尔等地，而这座公园所处的区域也有很多印巴移民的后裔，所以打球的人很多都是这些印巴裔的年轻人。当然足球也是这里常见的运动项目，虽说只是个公园，但是草坪的质量一点也不亚于我们国家体育训练基地的专业足球场，不仅平整，而且草的高度适中，还配有球门和规范的边线，对喜欢踢球的人来说简直就是享受。

周末常常能在这里碰到业余赛事，我于是就与替补队员们坐在场边观球，和在中国一样，总有几个爱显摆的人充当教练，在场边大喊大叫，指挥比赛，用英语喊着"传球"、"向前跑"、"射门"等话，不时因为场上队员的一脚臭球，也冒出句F字母开头的英国国骂，周围少不了一票美女趁机在阳光下进行日光浴，等待着帅哥男朋友"收工"。

我和旁边的英国小伙子聊了起来，问他们在这里踢球是否需要交钱，一个人告诉我，如果只是几个人踢着玩是免费的，但是像这样拉开架势比赛，就要交费了。

"那一场球多少钱？"我问。

"8英镑，"他们回答道，"不过要自己带两边的球网，裁判的钱也要

伦敦住所的冬季窗外风景

另付。"

20多个人玩一下午只付8英镑！即便在金融危机前折合人民币也只相当于120元左右，也就是说分摊到每个人身上不到10元人民币，如果按英镑计算的话简直就可以忽略不计了。

正聊着，比赛结束了，一群小伙子兴奋地讨论着刚才的输赢。我注意到一位貌似队长的人给裁判付了钱，随后这位着装整齐、像模像样的裁判在场边换好衣服，骑着自行车走了。两个年轻人也麻利地取下球网，大家意犹未尽地离开了北威克公园。看到这样的场景，对英国足球为什么如此强大就不会感到奇怪了。

上 伦敦公园和花园基金会的标志

中 球场边享受日光浴的英国姑娘

下 草地上休闲的两家人

当我们一个接一个地举办令"世界瞩目"的大型活动和运动会，变着法儿地上演隆重的开幕式，靠燃放烟花和提供高规格接待创造一项项世界纪录，包揽众多金牌，让对手为之"汗颜"和瞠目结舌的同时，在中国的一座中等城市水质有保障的泳池里游一次泳却要支付 50~100 元不等的费用；踢一场像样的球要承担 800~1000 元的场租，城市里只见高楼大厦如雨后春笋般拔地而起，体育场馆和公共绿地则属于稀缺资源，变成百姓的奢望和有钱人才能享受的活动。

虽然北威克公园周围住了很多人，还有学校、医院、教堂、商店、地铁站等公共设施，但是生态却保持得很好。踢球时，如果不小心把草地铲起了一块，会有人赶快拾起来补回去，春天公园开满成片的野花，不会有人刻意采摘，而是任由割草机剪切。

当然，秋天的落叶也没有人去打扫，它们在树下腐烂，变成肥料滋润着土地，所以冬季走过公园边的树林中，无论在什么光线下总能看见树下是黑黑的一圈，像阴影一样，那就是腐烂后的树叶形成的腐殖土，要不了多久，当春风吹拂的时候，黑色的土地上又会重新长出鲜嫩的青草，周而复始，生生不息。

一天晚上，一位朋友和我聊得开心，很晚才离开我的公寓，因为不熟悉路走到了公园旁的小道上，结果发现后面居然有一只狐狸尾随，他走它也走，他停它也停，这哥们儿花了好长时间才甩掉这个"尾巴"。第二天，大家开他的玩笑，同时也感慨这里的生态好。除了狐狸以外，随处还可见松鼠等小动物，各种鸟类更是数不胜数，我就曾经多次在朋友家见过悠闲地穿过院子的狐狸一家。

冬季漫长的黑夜过去后，英国人迎来了百花齐放的春天、绿草如茵的夏季和浓墨重彩的秋日，这样的公园给他们提供了长时间享受阳光的好去处，人们带上零食和饮料，在草地上铺开大大的防潮垫，扶老携幼，欢度假日。

还有一次，我碰到四位老人在北威克公园绿地边休闲，征得同意后给他们拍照，但是旁边的狗不乐意了，冲着我一个劲地叫唤，老人们不好意思地

北威克公园的春夏秋冬

向我道歉，于是借机攀谈起来。他们告诉我是来探望在附近的北威克医院住院的母亲，因为时间还早，就先在这里休息一会儿。我心里惊呼，"天啊！他们都已经是七八十岁的老人了，那母亲得有多大年龄呀？"

和年轻人不同的是，他们因为腿脚不方便，不能席地而坐，其中年龄稍大的两位男士就坐在自带的折叠椅上，女士们则站着，喝着咖啡，吃着点心，看起来其乐融融，走出好远我还能听到他们的笑声在草地上回荡。

其实，像北威克公园这样的绿地在伦敦随处可见，普通得不能再普通，我的住所周边就有几个规模大小不等的公园。如果愿意的话，向不同方向步行出去一段距离便可以发现更多的公园。也就是说无论你住在伦敦的什么地方，要找到一片名叫"公园"的地方并不是件很困难的事情，更不需要专门挑个周末，换上西服，打上领带，很正式地购票入内参观。

据"伦敦公园和花园基金会"的统计，在伦敦有大大小小 2470 多个公园、花园、草坪广场、墓地和教堂庭院，绿地面积超过了 181 平方公里，这还不包括普通民宅房前屋后、公共建筑周围、泰晤士河边等的绿地。伦敦的绿色空间还有一个重要的组成部分，那就是承载着历史的 8 个皇家园林，以前都是皇室的狩猎场，总面积超过 20 平方公里。

早在 19 世纪末、20 世纪初，当时的英国皇室就下令建造这种开放式的绿地供市民使用，但随着社会变迁、两次世界大战、城市的发展和有意无意的损毁，当时还不成规模的公共绿地也面临被蚕食的危机。1931 年，英国政府出台"伦敦广场法案"，对当时的 400 多块绿地进行保护，从此为伦敦人营造了一个不错的生活、工作和休闲空间，有人说如果没有这个法案，今天的当地人和游客可能就享受不到这么多随处可见的绿地了。

现在，一些过去很神秘的私人绿地也逐渐对外开放，每年还有"花园绿地开放周末"活动，让大家走进私家花园，分享枝繁叶茂的奇花异草和修剪得如地毯般漂亮的草坪。而且近几年来，伦敦人对建造花园的兴趣似乎越来越高，还有专业组织提供帮助和辅导。电视台则推出各种园艺和居家节目，教观众如何建造漂亮花园。不少园艺专业人士和爱好者也组织起来，建立网站，梳理伦敦的公共绿色空间，他们搞讲座、办杂志、建立通讯录、交换自己的新发现、设计适合不同人群的行走路线、研究和探寻绿色空间背后的历史文化背景。这些网站提供详细的行走路线和景点介绍，还有语音指南供人下载，你只要带着随身播放设备就可以走到哪里，听到哪里，让你的行走畅通无阻。

这种行走其实是很好的社交方式，在众多开放的绿色空间中人们花20~40英镑就能成为户外活动组织的成员，大家利用节假日结伴出行，在行走园林、草地和公园的过程中结识新朋友，学习新知识，同时锻炼身体，尽情享受生活。

从空中俯瞰英国，绿地间排列整齐的成片红色住宅很有特色，相映成趣，房前是空地，屋后是院子，类似我们说的"联排别墅"。有一项统计显示，二十世纪九十年代以后，欧洲国家如法国、意大利和德国新建的房子50%以上都是公寓式住宅，而英国只有15%是公寓式住宅。

与此相反的是，70%的英国人拥有独立住宅，这一比例远远超过英吉利海峡对岸的欧洲邻国，因为英国人更愿意住在带有一块私人绿地的小院子里，而且甭管手艺高低、面积大小，都会在院子里铺设草坪，或者购买一些盆栽鲜花装点，设置给小动物喂食供水的用具，同时搭建一间工具房，储存各种园艺工具。主人会因为自己精心打理的院子赢得客人的赞许而感到自豪，在他们的生活中，落地窗外的花团锦簇是一种生活背景。

牛津大学社会问题研究中心曾经对英国人DIY习惯进行过研究，发现只有12%的女人和2%的男人自称从来没有自己动手。在另一份调查中，超过50%的成年男性在调查前四周内动手做过东西，约三分之一的女性曾自己装修房子。52%的英国男性和45%的英国女性亲自修建草坪，英国人对花园的迷恋可见一斑。[2]这些被主人精心呵护的私人花园是距离英国人最近的绿色空间。

我出生的那座城市有一个富有诗意的名字——"春城"，那里拥有得天独厚的气候，但现在的城市管理者们却把一座曾经被古人赞誉为"飘在水

英国各地的春景

上"的漂亮古城"与时俱进"得毫无章法，杂乱无章，像很多中国城市一样，既失去了古城的风韵，又没有大都市的范儿。唯一醒目的绿色来自那片叫做"滇池"的湖面，只是那样的绿是因为深度污染，蓝藻爆发，一池脏水，让政客们构建"东方日内瓦"的宏愿成为痴人说梦。

世界很大，站在不同的位置和角度，再去审视曾经置身其中、以为很熟悉的环境时，才会发现先人创造出来的成语"坐井观天"、"夜郎自大"指的远不是那只青蛙和西南夷部落的首领。

经过漫长的冬季，春天到来之际，家家户户的院子里似乎是在一夜之间盛开了漂亮鲜艳的各色郁金香、红玫瑰、黄水仙，共同把英国装扮成一个大花园。见过这样的景致，对春天，对春之城会有新的理解和认识，不是拥有大自然赐予的宜人气候就能称作"春城"的。

当我们把单元房称为"豪宅"，把小水塘称为"溪谷"，种几棵树就叫"皇家园林"的时候，随处可见绿色的英国没有哪座城市喊过"创建园林城市"的口号，反而是伦敦市长鲍里斯·约翰逊2008年上任后干的头几件事之一就是带头植树，因为他在参加市长竞选时就曾经批评伦敦的绿地太少，树木太少。

北威克公园是我每天必经的地方，常常会在同一个地点，用同样的焦距、景别和角度给公园留下影像，这样一拍就是两个春夏秋冬。碰到天气好时，心情舒畅，一大早出门，太阳也刚升起来，阳光透过清爽的天空和树叶直射下来，置身空旷的草地上，满眼绿色，心中不禁充满欢欣惬意。

---

1. 板球又被视为英国国球，据说早在13世纪，英王爱德华一世就曾在英格兰东南部的肯特参加过类似板球的运动。现在，板球仍然被看成中产阶级的运动。虽然出身"高贵"，英国目前正在采取措施，普及板球运动。2010年，板球进入广州亚运会，成为正式比赛项目。
2. Watching the English: the Hidden Rules of English Behaviour, Kate Fox。

苏格兰场的公共安全教育
Safer London

> 这项旨在提高公众意识的新措施通过海报等方式告诉市民，特别是年轻人，当他们被询问时，有权利获得一份材料，上面会告知他们应该享有的权利。这既是保护当事人的权利，也约束了警察的行为，避免他们滥用职权。

距离奥运会开幕不到一年的 2011 年 8 月，英国很多城市发生了严重的打、砸、抢、烧骚乱事件，引起公众对警方处置突发事件能力的质疑和批评，更让人对即将召开的奥运会安保工作担心起来。公众对 2005 年 7 月 7 日，英国申奥成功第二天，伦敦地铁和公车连续遭到恐怖分子袭击的场面还心有余悸，而 2012 年是伦敦奥运年，对平时反恐形势已经很严峻的英国来说更是不敢掉以轻心，7 月 27 日至 9 月 9 日奥运会和残奥会期间，和比赛相关的参与者有 45 万，其中记者 2 万，所有比赛门票超过 110 万张，再加上旅游者和本地人，安保工作面临巨大压力。

为了每一个场馆的安全，英国官员和部门各司其职，首相"采取一切必要的财政、计划和具体操作保证奥运会的安全和顺利举行"；内政大臣"协调运动会所有安全和应急服务事务"；财政大臣承诺为奥运会提供"全部必需的财政支持，包括安保方面的支出"。由此可见政府部门对安全问题的重视程度。

2 月 13 日，伦敦警方开展了一项名为"反击恐怖主义"的公共安全活动，发动每一名在伦敦工作、生活和观光游览的人帮助警方防范恐怖分子潜在的严重威胁,他们设置反恐热线,安排专门的警官分析和研究公众提供的线索,并有针对性地采取措施。为了让大家充分了解为期四周的活动内容,警方制作了 40 秒的广播广告,在公共场所张贴海报广告,向全伦敦地区的家庭分发 140 万份宣传折页。有报纸的标题这样形容:"伦敦奥运会的每一个举动都在监控之中,包括你。"

这种气氛随着奥运会的临近日益强烈,在人员密集的机场、地铁、车站、道路和场馆等公共场所会有警察巡逻,当然这就包括他们在街头对认为可疑的人员和行为进行询问。对没有问题的受盘查人,警察会出具一份问询登记表的备份,上面的内容包括被询问人的姓名、性别、年龄、住址、车牌号和证件号码等基本信息,以及被询问的原因,然后就是处理结果的选项,包括简单询问、搜查、拘捕等,背面则是各种犯罪分类和相应的代码,有盗窃、吸毒、携带武器和恐怖活动等。

其中在"为什么是你?"一栏中是这样解释的:请你站住并不意味着你会遭到拘捕或者是你做错了什么。在很多情况下,警察拦住某些人只是他们在目标公共场所寻找嫌疑人的一种手段。当然,警察必须告诉你拦住你的原因是什么。他们通常还会问几个问题,比如"你在干什么?""你为什么要这样做?"除非在必要情况下,一般警察是不会搜查路人的。

伦敦警方提供的数据显示,2010 年 10 月 1 日至 12 月 31 日间,"阻拦和询问"1632 人,"阻拦和搜查"880 人,"拘捕"148 人,没有人是因为实施恐怖行为而被拘捕,不同种族人群的比例是:

	阻拦和询问	阻拦和搜查	拘捕
亚洲人	15	13	18
黑人	11	12	6
中国人	1	0	0
混血	2	4	4
不确定	10	14	16
其他	0	1	0
白种人	61	56	55

数据来源:City of London Police

　　讯问后，警察需要给当事人一份问询备份的做法源于 2004 年 9 月出台的规定，这项旨在提高公众意识的新措施通过海报等方式告诉市民，特别是年轻人，当他们被询问时，有权利获得一份材料，上面会告知他们应该享有的权利。这既是保护当事人的权利，也约束了警察的行为，避免他们滥用职权。

　　这样做的目的用问询单上的一句话解释就是"为了一个更加安全的伦敦共同努力"，同样的"标语"还出现在大伦敦警察局，也就是我们熟知的"苏格兰场"办公楼前一个转动的标志牌上，这可以理解为伦敦警察的工作目标，实现目标需要由很多具体细致的工作构成，其中就少不了公众的参与。

　　从 2003 年开始，伦敦警方就分主题地开展公众防范犯罪的教育，通过广播电台、媒体广告、俱乐部传单、互联网、邮递折页、户外海报，甚至是酒吧的啤酒杯垫等不同形式告知公众犯罪的危害和如何避免犯罪的技巧，提高公共安全意识。宣传内容涉及枪支管理、滥用毒品、家庭暴力、青少年持枪和持刀犯罪、恐怖袭击、社区联防等。值得一提的是，宣传海报的设计简洁明快，重点突出，很适于传播。

　　比如禁毒宣传是中国读者很熟悉的内容，而我们常见的宣传画除了标语，就是各种吸毒造成严重后果的图片，虽然触目惊心，有很强的视觉效果，但放在公共场所总令人感到有碍观瞻，恐怖恶心有余，含蓄不足。

　　伦敦警方的禁毒海报则是通过一幅因为吸毒而逐步改变的面孔，让人看到毒品对人的摧残。如果抽掉中间的四幅照片，估计大家很难把前后两个形象与同一位女士联系起来。在这些形容枯槁的脸庞下有一行警示语：不要让毒贩子改变了你邻居的面孔。

　　2006 年 9-11 月，警方推出了一幅针对 11-16 岁青少年滥用枪支的海报：在冷色基调的画面中，空寂的房间，一排停尸柜，一具蒙着白被单的遗体。广告语是：携带枪支能送你去最冰冷的地方。没有血腥的画面，没有触目惊心的特写，平静的语言和画面折射的是极端而残酷的现实。

　　这些主题教育不是一次搞完就结束，警方在不同时期根据治安形势的变化，会从不同侧面推出新的海报。同样是滥用枪支问题，2009 年，他们针

当犯罪活动在你周围发生时，这六幅面孔会及时出现

对 15-19 岁、来自非洲和加勒比海地区的女性开展了有针对性的活动，海报也不是以持枪的严重后果为诉求，而是提示大众，如果窝藏枪支，一样也是犯罪的。"一旦被捕，面临的是 5 年刑期。"

对大多数人而言，遭到强奸和性侵犯是件很难以启齿的事情，警方公布了专门的帮助中心和海报，图案十分简洁，通过文字排列形式感的变化，传递的信息是鼓励受害者大胆地举报。通过文字变化，我们看到了一个生动的渐变过程，从十分恐惧到情绪舒缓，再到最终放松下来，勇敢地面对现实。

这八行主题广告语分别是：

我感到非常、非常害怕，我不能说出我遭受的强奸。

感到非常、非常害怕，我不能说出我遭受的强奸。

非常、非常害怕，我不能说出我遭受的强奸。

非常害怕，我不能说出我遭受的强奸。

害怕，我不能说出我遭受的强奸。

我不能说出我遭受的强奸。

不能说出我遭受的强奸。

说出我遭受的强奸。

关于举报性侵犯的海报

上左 针对窝藏枪支的海报
上右 禁毒海报
下左 2008 年 12 月圣诞节期间，预防入室盗窃的海报
下右 "安全邻里之找不同"

HANDYMAN? PEST CONTROLLER? BOMB MAKER?

They're making bombs, so naturally terrorists will try to conceal their activities. But sometimes they can leave tell-tale signs. Signs we need your help in spotting. They may load up their vehicles with large amounts of chemicals, fertilisers or gas cylinders, all of which can be used to make bombs. These may be bought with cash. They'll also have to be stored somewhere like a house, a lock-up or a garage. You might even see discarded material.

If you notice anything suspicious or out of the ordinary

CALL THE CONFIDENTIAL ANTI-TERRORIST HOTLINE ON 0800 789 321.

We don't believe any call is a waste of time. If you suspect it report it.

恐怖活动是英国当下面对的很主要的问题，不时发生的恐怖袭击让政府头疼，也让公众担心自己的安全，如何发动大家一起防范恐怖袭击就变得尤为重要。"相信你的直觉：它能粉碎恐怖分子的计划，拯救生命。"这是海报中给人印象很深的一句话。

警方给出了一些恐怖分子的特征，并且用直观的图像和文字表现出来："恐怖分子需要仓储空间；使用多个身份证明文件；没有特殊原因，但是大量购买不常用的化学材料；因为这些物质有毒有害，他们还会使用一些保护装置，比如面具等；常有不明目的的银行转账。除此以外，如果你在租车行或者汽车销售部门工作，有没有见过令人起疑心的消费行为？你有没有碰到过有人在敏感的地方拍照片？你知道哪些人常常登录和恐怖主义相关的网站？一个人拥有数量众多的手机，是不是有点不正常呀？有没有人常常旅行，但是目的地却飘忽不定？"

2010 年 3 月 8 日，警方推出了新一轮的"全国反恐活动"，把上面提到的概念组合在一起，用生活中的场景展现出来。那是一个在英国司空见惯的车库，几乎每户人家的住宅都有类似空间，门口停着一辆车。不同的是，这些地方堆满了化学材料。

海报的标题是："勤杂工？防虫害？还是炸弹制造者？"犯罪是在特定的时间和空间里进行的，从理论上说，必然会留下蛛丝马迹，何况是那种需要很多杀伤性原料的恐怖袭击。"他们会用汽车装载大量化工产品、化肥和燃气罐，这些都是用于制造炸弹的原材料。"

可以想象的是，恐怖分子会把这些东西储藏在房子和车库里，就像海报上的一样，如果大家留意，甚至曾经见过丢弃的材料。"恐怖行为，如果你怀疑他，就举报吧。"也许有人会觉得大惊小怪地给警察局打电话是多此一举，浪费时间，不过这些提示在防范恐怖分子上，确实十分有效。2012 伦敦奥运会前警方又一次把这项活动赋予了新的内容。

入室盗窃同样能通过预防，防患于未然。在 2008 年 12 月圣诞节期间警方推出了一幅海报，标题很有意思：“今年你给谁送礼物？”传统的圣诞节，人们不免会添置一些贵重物品，如果疏于防范，给盗贼以可乘之机，一不小心，圣诞节就变成给小偷送礼物了。

英国每年从 10 月以后，一直到来年的 3 月，都是夜长昼短，盗贼会根据某户人家的灯光，判断家中是否有人，从而决定是否入室盗窃。防范的办法其实很简单，比如给家里的灯安装一个定时自动开关，这样能营造家中有人的感觉；如果外出度假，则可以请邻居帮忙清理邮箱和不时在自家的车位上停车。我的房东在起居室就装了一个定时开关，每天下午 4 点多就启动，所以回家时，总能远远看见从窗口透出的亮光。

无论是反恐、防范青少年犯罪，还是防盗，都离不开市民的参与和配合，正如海报上写的一样：不要想着靠别人。用我们的话讲就是：“社会安全，人人有责”，这也是伦敦警方从 2006 年 2 月起开展的“安全邻里”活动的主题。

“安全邻里”活动的海报设计很有意思，采用了英国人很喜欢的“找不同”的游戏方式，即在两幅很相似的图片中找出不同点，以展示开展“安全邻里”前后带来的变化，比如路上的警察增多了，墙上的涂鸦没有了，儿童游乐场旁边的“问题少年”消失了等等，用参与和互动的方式传递了有效的信息，让大家体会共同参与给所有人带来的好处。

如果说 2006 年的“安全邻里”海报设计还停留在对概念的图像解读上，那么 2007 年 1 月开展的新一轮宣传则走的是实用路线 —— 在伦敦地铁和公共场所都能看到印有六位警察照片的海报，上面写着“当犯罪活动在你周围发生时，这六幅面孔会及时出现”。也就是告诉大家，由一名警察队长、两名警察和三名社区服务警员共同构成一个团队，以 630 户居民为社区单元，向居民提供服务，同时公共交通安全、反社会行为、吸毒、酒后滋事、涂鸦和噪声等也在他们的管辖范围之内。这些警察走访社区，召集座谈会，和当地居民沟通交流。一项调查显示，有 64% 的社区居民认为“安全邻里团队”掌握当地的情况，62% 的社区居民相信他们能处理好社区发生的事情。

行走在伦敦街头和公共场所，能看到巡逻的警察、荷枪实弹的警察、骑自行车的警察、跨着高头大马的警察、驾驶机动车的警察和在闭路监视器后面的警察。作为拥有 780 多万人口的国际大都市，伦敦总体而言是很安全的，这有警察的努力，也少不了公众参与的功劳。

奥运会检验的是高危时期警方的应对能力，而他们需要面对的更多是平时如何保障这座城市的安全，社会治安问题光靠警察是不能完全解决的，通过生动的公共安全教育提高公众的防范意识，让他们成为社会治安的参与者，从这个角度看，长期不懈的公共安全教育和措施会显得尤为重要。

伦敦骑警

一扇通向英国社会的窗口
Organised Hospitality

需要感谢的是那些热心的志愿者家庭，他们的热情、善良、包容和开放，为我们这些外国人打开了一扇通向英国社会的窗口，让走进英国普通人家的生活成为了可能。

2008 年春节前夕， 中国不少地区遭遇了罕见的暴风雪袭击，突如其来的自然灾害使电力受损、供应短缺、交通受阻，正值春运这场世界最大的人口迁徙运动，造成大量人员滞留在火车站、机场和长途班车站。雪灾不仅中国人自己关注，就连远在欧洲的英国人也很关注，BBC 等电视台和英国主要报纸都有很多相关报道。

此时我收到一封邮件，关切地询问我在中国的家人是否受到暴风雪的影响。落款是：你的叔叔和婶婶，格雷厄姆·柯蒂斯和卡伦·柯蒂斯。

"叔叔和婶婶"是我通过非盈利志愿者组织 HOST UK 认识的一对普通英国夫妇，该组织由外交部、英联邦总署、英国文化委员会和维多利亚同盟会等多家机构创立，成员是一些愿意接受国际学生、学者到家里度周末的英国普通居民，目的是给在英国的外国学生、研究人员和访问学者提供一次深入接触和了解英国的机会，"在一段不长的时间里，与普通英国人生活在一起，和他们共同分享在英国的平凡日子。" 与此同时，来自世界各地的学生们也可以向主人介绍自己国家、民族的文化，开拓英国人的眼界。

这是一项互利互惠的好活动，只要参与者自己支付来回路费，主人则负责安排周末的食宿和活动。项目规定申请者必须是外国留学生或者访问学者，年龄满 18 岁，在英国的学习是全职，时间不能少于 3 个月，申请者一共有两次访问机会。每次申请理论上会有一笔 43~50 英镑的"申请费"，只是 HOST UK 针对不同学校有不同收费方式。

约三分之一的学校是免费的；有的学校是第一次申请免费，第二次申请交费；还有的是每年度一开始申请的 29 名学生免费，后面的收费，总之有很多排列组合，但这些都不用申请者操心，学校会为费用"埋单"。不过，牛津、剑桥、爱丁堡、格拉斯哥、卡迪夫、布里斯托尔等著名大学没有加入此项目，他们的外国学生和学者如果想参加就得自己支付这笔"申请费"。

我通过 HOST UK 网站登记注册，没过多久，就收到了一封确认邮件，告知有一户人家很愿意邀请我去访问，并提供了详细信息。随后主人格雷厄姆和卡伦夫妇就发来了简短而热情的邀请信，与我商量去他们家度周末的时间、详细告知火车时刻和联络方式，所有信息一目了然。

2007 年 8 月 31 日上午，我踏上了开往距离伦敦 175 公里、位于东北方向的贝克斯，那里因为靠近入海口，水上运动比较盛行。一路看着英国乡村的秋天美景，火车很快就到了沿线的一个小火车站，这就是我的目的地。

下车的人不多，接站的人更少，不用仔细分辨，冲我招手的两位老人显然就是格雷厄姆和卡伦夫妇。此前我给他们发去了自己的照片，在这个很少见到陌生面孔的英格兰乡村，他们一眼就能认出我。我们像老朋友一样握手、拥抱，大家都很兴奋，路上就开始聊个不停，丝毫没有陌生感。

我对他们说："按照中国人的习惯，你们是我的长辈，应该喊叔叔和婶婶。"据我的观察和经验，英国正规家庭的孩子们仍然用"妈妈"、"奶奶"等敬语称呼长辈，而不像我们的英文教科书里介绍的那样，没大没小地直呼其名，这和中国尊老爱幼的传统其实是一样的。

"好吧，那我们就当你的英国叔叔和婶婶吧。" 格雷厄姆用他一贯的冷静回答。就这样，我第一次以客人的身份应邀住进普通英国人家里，主人成了我的"英国亲戚"。他们也第一次接待一名记者，听到了很多关于中国

上右 格雷厄姆家的花园。 主人准备的客卧， 干净、 简洁， 普通英国民居少有装饰， 用料纯朴自然

上左 HOST UK 的标志 中左 鸡蛋自助销售 下 格雷厄姆·柯蒂斯和卡伦·柯蒂斯夫妇

的事情，感到陌生而好奇，这就是 HOST UK 乐于看到的效果。

柯蒂斯夫妇的家位于一个名叫阿尔德比的小镇，这是英国乡村一个普通得不能再普通的地方，辖区面积 12.61 平方公里，全镇 175 户，约 450 人，大家抬头不见低头见。他们家是两座传统英式木结构房屋经过改造贯通起来的住宅，刚好在丁字路口旁，按照中国的风水属于很好的位置。

女主人卡伦退休前是名小学教师，头发花白，身材苗条清瘦，说话轻声细语，且总是面带笑容，是位和蔼可亲的老太太，从脸庞看年轻时一定是位标致的美女。男主人格雷厄姆身材微胖，一头银发，戴着大大的眼镜，属于比较矜持的英国男人，退休前供职于当地邮政局。当他把车停进车库时，还得意地向我"炫耀"了一项小小的"发明"，原来，在车库里固定的位置处悬挂着一颗小小的螺帽，当汽车挡风玻璃轻轻碰到它时，就意味着停车的位置刚好合适，不会撞到前面的保险杆。

与德国和北欧等国的乡村民居相比，英国普通人家的房子从建筑审美上没什么特点，虽然外表其貌不扬，但室内总是营造得温馨舒适。卡伦带我参观了楼上楼下，房屋间架不是很高，主人没有刻意用装修隐藏房梁，而是任其歪歪斜斜地露在那里，甚至故意用深色油漆粉刷了一下，好让人一眼就看出房子的"年龄"和历史，自然而朴实。只是在一楼靠花园的餐厅里，其中一根横梁实在是有点低，卡伦特别提醒在这儿活动要小心。热情的主人早就准备好了位于二楼的一间宽敞客房，卧具都是清洗干净的，窗外就是小路，因为人少，车辆也不多，在房间里全然没有嘈杂的噪声干扰。

屋内没有过多装饰，如英国绝大多数家庭一样，打扫得干净整洁，除了厨房和餐厅，其余所有房间都铺设地毯。起居室里摆放着几个书架，上面堆满了各式各样的图书，一个宽敞的沙发斜靠在窗前。英国普通人家很少有专门的书房，他们的阅读大多是在起居室里完成，藏书则根据房子的空间码放在墙上的书架和门框上，实用而不做作。

就在卡伦带我参观房屋时，格雷厄姆则坐在沙发上看起了报纸，阳光透过窗户照在他的身上。即便有客人光临，也不改变自己的生活习惯，这让我多了一份轻松和随意的感觉。

客厅里最现代的电器要算桌上的电脑，一看就是刚添置的，像很多中国同龄人一样，这两位生活在宁静乡村的老人对新媒体还很陌生，对互联网也充满了新奇。"他每天都会去网上看看新闻，接收女儿们发来的邮件。"卡伦边说边从书架上取下相册，给我展示以前的"访客"，基本上都是如我一样的黄皮肤面孔，看得出他们很喜欢中国。

家庭是社会最基本的单元，HOST UK 的目的就是让外国人体验最普通的英国生活，其实居家过日子都是由柴米油盐等琐事组成，英国人也不例外。周六一大早，吃过主人准备的英式早餐后，我跟着格雷厄姆叔叔驾车去超市买菜，到旧厂房改造的乡村市场购买各种当地人自制的生活用品，有造型乖巧的彩色肥皂、各种腌制的香肠和腊肉、刚刚采摘的鲜花，当然老头还不忘记买一份报纸。

卡伦婶婶则带我在小镇四处转悠，她背个小包，步履轻盈，干练敏捷，与我说话的间隙，不时和路边栅栏里的邻居们打招呼，并把我介绍给他们。当穿过农场的牛圈时，老太太则和牛"攀谈起来"，就像老朋友似的，她对这个小镇的一草一木都很熟悉，也充满了感情。

行至一座农场门口的屋檐下时，卡伦取下背包，来到一个倚墙摆放的小冰柜前，把里面的新鲜鸡蛋从纸托盘里取出，放到自己带去的容器中，然后把一英镑硬币放进冰箱的盒子内。这种完全自助的小生意没有人专门看守，靠的是相互信任和自律。

晚饭后，我们围坐在沙发上，略显疲惫的格雷厄姆叔叔打开放在角落的小电视看新闻，带我逛了一天的卡伦婶婶则在填字游戏本上乐此不疲地和空格"较着劲"。没一会儿，格雷厄姆关掉电视，抱怨节目不好看，叫我来到院子里的工作间。那是他制作手工的地方，车钳铣刨等小工具一应俱全，光各种型号的改锥就放了一大排，桌子上摆着几件半成品，其中一只木质的海螺刻得惟妙惟肖，格雷厄姆说自己的很多时间都是在这里打发掉的。

听说我是搞电视研究的，他边摆弄手工活，便和我讨论起了电视。在他眼中，电视上充斥着重复的新闻、无聊的体育消息和毫无价值的八卦花边。生活在小镇中，他并不在乎每天紧跟时事，阅读报纸已经能够满足对信息的需求，即便是互联网也没有太多地改变他们平静的生活。

在这个信息爆炸、技术飞跃的时代，我们工作时对着电脑、乘地铁抱着Ipad打游戏、坐在家里的沙发上拿着手机上网发微博，似乎一刻不接触信息，心中就会产生无限的恐惧。看着专注于填字游戏的卡伦婶婶和痴迷木工房雕刻的格雷厄姆叔叔，生活似乎并不因为占有更多的信息就能变得充实和快乐，有时候我们要的不是更多，而是需要考虑如何舍弃。

英国各地随处可见供人行走的步道，一般都是穿行于田野、树林、池塘和缓坡，既可以休闲娱乐、锻炼身体，又可以欣赏宜人的风光。奥尔德比也不例外，小镇居民规划了一条步行需要两个小时的步道，沿途可以看到人文和自然的景观，他们还起了个容易记的名字：石头步道。这就是周日上午的行程。

步道建立是基于一个"奥尔德比千禧年项目"，正式命名时间选择在2002 年 6 月 2 日，这一年是伊丽莎白二世女王登基 50 周年。之所以取名为"石头步道"是因为他们精心设计和制作了 7 块石刻，分别安放在沿途不同位置，行走中可以隔一段距离就找到一块碳化石灰岩，并且解读上面的"天书"和图案。

每块石头都有一个名字，分别是"行者之石"、"救赎之石"、"重生之石"、"摆渡船之石"、"破晓之石"、"智慧之石"。上部是一个北欧古文字符号，类似我们的象形文字，代表着"Aldeby"地名中的每一个字母。下面是古基督教的图案，象征马匹、皇冠、十字勋章、湖或者水、构成世界的四种元素，以及物质和精神的世界。

最终，这些图案和字母汇集在了一块名叫"命运之石"的石头上，上面便是地名"Aldeby"（奥尔德比），下面则是一个极具装饰性的交叉图案，传递出人们对世界、自然和自身的感知与领悟，整块石头透着远古的神秘和图案之美。

不过，如果不注意，或者没人特别介绍，外人很可能会忽略这些放置在田间地头、水边湖畔的石块，因为它们实在是太普通了。创意这条步道的人希望参观者看见的不只是七块石头，而是通过它们了解人类的过去和带着思考走向不可知的未来。只是这些很重要的事情却往往被人们如忽略不起眼的石头一般忽视。

一个人口不到 500 的小镇规划出这样一条与众不同的"步道"，给行走其间的人们提供了互动、乐趣和思考。叔叔和婶婶对这些石头和它们代表的意思如数家珍，充满了自豪感，他们带我领略了丰收后的麦田、充满野趣的池塘、历尽沧桑的教堂、生机勃勃的河流，时间就在这走走停停中不知不觉地度过了。

这样的步道在英国随处可见，如果你访问当地人家，他们多半会安排一次类似的行走，带你了解历史沿革和建筑风貌，言语中充满了自豪和兴奋。虽然那些内容放在整个不列颠的历史中可能不足挂齿，但对生活在其中的人们则如空气般每天都能呼吸和感受到，而一个国家的历史和文化也正是由这些貌似不起眼的部分组合而成。

奥尔德比因为濒临一条名为威伍尼的河流，渔业发达，水上运动也很普及。小镇的入口处就树立着一座扬帆起航的帆船雕塑，作为地标，不张扬，但很精致。英国很多小镇的中心，或者主路口位置都有这样的标志，呈现的一定是当地最有特点的形象。

威伍尼河全长 50 多公里，形成于冰河时期，水深平均在 4 米以上，是一条水量很大的河流，也是天然的运河，属于布罗德斯国家公园的一部分。这里地势平坦、开阔，一共有 7 条河流和 63 块面积不等的平原，从空中俯瞰，河流沿岸一片郁郁葱葱，有大片的森林和草地。

走过步道后，柯蒂斯夫妇驾车带我来到河边，在被茂密的水草遮蔽的岔道里，两位老人身手敏捷地跳上一艘船，麻利地跪在船沿上揭开罩在上面的篷布，一艘帆船展现在我的眼前，没有链子，没有上锁，他们的"水上交通工具"就这样静静地放在岸边，无人看守，也不用担心有人偷盗。

Symbols in Stone

1. The Traveller's Stone
This Stone features the symbols for Fire and Air and the runic character M (pronounced E) for Ehwarz the Horse.

2. Stone of Redemption
The top element is the rune for Isaz - Ice (pronounced Yi) and carved below is the Crown of Thorns from the middle ages.

3. Stone of Regeneration
This character which looks like the letter B, sounds the same and is for Berkana - Birch Tree, below this the Scandinavian Cross.

4. Wherry Stone
The top two symbols are for water and earth and below is the rune for Laguz - the Leek - Lake or Water (pronounced L).

5. Stone of Dawn
Features the rune for Dagaz - Day (pronounced D), below The Medieval Christian Sign of the World with the four elements.

6. Stone of Wisdom
This runic character is for Ansua - a god (pronounced A) and below, the symbol for The Material and Spiritual World.

7. The Stone of Destiny
The Principal Stone of the group combines all the elements displayed on the outlying stones.
An additional rune representing Ancestral Homeland is at the centre of the other characters which (reading from left to right) are pronounced as A-L-D-E-B-Y.
The lower design brings all the ancient symbols together as one final interlocking conclusion.

左 奥尔德比小镇的标志
右 石头步道总体介绍

左 立在小镇路口，综合所有符号的「命运之石」
右 从上到下，从左到右分别是：重生之石、摆渡船之石、行者之石、救赎之石、智慧之石、破晓之石

那天下午，天空多云有风，是个航行的好天气。桅杆竖起，扬起风帆，卡伦婶婶很像电影《渡江侦察记》里的民兵女队长一样把船推离岸边，然后纵身跃上，一看就知道是年轻时练就的功夫。借着风势，小船在哗哗的水声和呼呼的风声中驶上了主航道，卡伦在船后掌舵，格雷厄姆通过绳子操纵帆布，只听老太太喊着他们约定的口令，格雷厄姆就把帆拉向另外的方向，船在两人的默契配合中沿威伍尼河呈之字形前进，每到改变方向时，大家都很配合地向另外一侧倾斜，以保持平衡，正所谓同舟共济。

格雷厄姆主动把操控风帆的绳子交到我手上，其实有个好舵手，拉帆的工作基本没什么技术含量，只要听着婶婶的口令行事就可以了。这是我第一次操纵这种真正靠风力驱动的帆船，沐浴着不时从云层穿出来的阳光，欣赏着两岸如画的风景，和相对而过的船只打个招呼，举起相机拍下岸边"谈情说爱"的白天鹅，感觉美妙极了。

在"叔叔婶婶"的精心安排下，我体验了典型英国小镇人们的居家生活，行走了充满历史感的步道，又驾船驶过大自然杰作的国家公园，人文和地理相得益彰，充满魅力，这是属于我的经历和感受，而 HOST UK 的不同走访者也会有各自的体验和感悟，这些都构成了对不列颠最普通但又是最自然的印象。虽然小镇奥尔德比只是 HOST UK 众多走访地中的一站，但这里的人和物就像一滴晶莹剔透的水珠，正是这无数的水滴共同折射出 6000 多万人口和 24 万平方公里不列颠岛的璀璨。

两天半的访问一晃而过，但由此建立的友情却是长久的。现在，我与英国的"叔叔和婶婶"仍然保持着联系，每逢圣诞节、公历新年和中国春节，都会发邮件互致问候，对中国的浓浓情意让他们多年来一直接待中国人去做客。

中国一些地方因为某个大型运动会或者活动，由政府或旅游部门组织外国游客付费的家访项目，搞得受访者和家庭像演戏，而访问者好似花钱逛公园一般，失去自然的状态，看不到真实的生活。我有很多次在脑海中设想借鉴 HOST UK 的做法，在中国也建立一个类似机构或体系的可能性，让外国

在英国人家中做客的中国留学生

留学生能进入中国家庭，体会中国人的普通生活。

信用体系是 HOST UK 项目良性运转的核心，他们与英国的很多大学有合作关系，每位申请者需要提供在编号码，登记信息之后，工作人员会向申请者所在的学术机构进行核实，而学术机构也有很多程序上的审核与把关，一环扣着一环，所以当 HOST UK 得到明确的回复时，就能保证申请者的资质和身份，在安全上把好关。

但是，信用体系恰恰是我们最缺乏的，违规的成本很低让一些别有用心的人挖空心思地钻空子，带来的一系列后果不可想象。加上这是公益行动，不赚钱但要付出不少精力，看看 HOST UK 发来的邮件便能体会他们工作的细致程度，内容涉及接待家庭成员人数、宠物种类、吸烟饮酒与否等，一应俱全，需要做大量资料收集工作，由此更对 HOST UK 和民间志愿家庭心存敬意。

好的活动需要有好的制度做保证，HOST UK 这种民间深入交流的项目只有在信用制度完善、信息沟通顺畅的社会体系中才有可能开展，而不会引起不必要的社会、治安等方面的问题。当然，需要感谢的还有众多热心的志愿者家庭，他们的热情、善良、包容和开放，为我们这些外国人打开了一扇通向英国社会的窗口，让走进英国普通人家的生活成为了可能。

客居英国
At Home in Britain

客居英国的日子，我用真诚、微笑一次次敲开英国人私密的"城堡"，用图片记录下他们看似平凡的生活瞬间，展现对不同文化的尊重、好奇和沟通的愿望，赢得他们的信任和好感。这些不列颠人会用他们的方式和行动告诉我："*You can come again.*"客居英国的日子，在介绍今日中国的同时，也在用他们那一套作为镜子，审视我们的过去、现在和未来。

《客居英国》是 1992 年中央电视台播出的一个中级英语教学节目的名字，原版是英国广播公司的 At Home in Britain，节目以 8 集情景剧形式，讲述三名来自不同国家的留学生居住在一户普通英国人史蒂芬·约翰逊家里发生的故事，用生动有趣的方式穿插了日常英语教学。

这本教材配一盒录音磁带，定价 2.8 元，书的封底印着几行小字：《客居英国》帮助您提高英语水平，了解英国社会。语言学习的目的就是为了交流和沟通，语言本身只是工具而已。遗憾的是，20 年过去了，至今中国英语教育的状况似乎并没有本质改变，还一直在考试的指挥棒下和分数里兜圈子。

虽然只有 235 页，但一个陌生人在英国日常生活中能碰到的场景基本都囊括在《客居英国》8 集电视片中了，从男主人史蒂芬和女儿潘妮到机场接来自瑞典的安娜开始，一直到在自家院子里为安娜举行欢送烧烤聚会；小到一个插头转换器，大到一所住宅的结构剖面图；从学校注册手续到医疗保障

制度；从地铁站购票到乘火车出游。秉承 BBC 英语教学节目的特点，在学习语言的同时，还对英国社会有所了解。

英国人的形象似乎总是与刻板、保守、封闭、矜持、傲慢、虚伪和强烈的个人主义等联系在一起，但真正接触之后就会发现，这也许只是他们展现给世人的一个侧面，深入他们的生活，你就会发现英国人真诚、善良、友好、幽默、乐于助人的另一面。

喜欢社交的英国人在每个领域都有社团和各种形式的俱乐部，钓鱼、扑克、插花、烹饪、自行车等应有尽有，只要愿意走出家门主动去结识新朋友，总能找到有相同爱好的圈子。对于外国人而言，家属俱乐部就是专门为那些陪同家人到英国工作、生活的家属们准备的，俱乐部提供免费语言学习、技能培训和健身等活动，来自世界各地的人们可以在一起读书、做饭、郊游，既消磨时间，又结识新朋友，让异国生活不再单调和乏味。

新学期开学后，不少刚抵达英国的留学生没几天就会收到来自社区志愿者发来的电子邮件，他们是校区附近的中老年人，自发组织起来义务帮助初来乍到的外国学生。志愿者们利用周末，带着自己制作的蛋糕、点心、超市购买的饮料和零食，借用学校的活动室开展活动，介绍英国文化，促进学生间的交流，大家一起做游戏、聊天。相互熟悉后，英国家庭便利用周六周日轮流邀请这些外国人到家中做客，主人会准备丰盛的午餐，或者晚餐，聚会上能认识新的家庭和朋友，又会收到新的邀请，社交圈子就这样逐渐扩大。

我第一次应邀去的是玛尔塔女士家，她为客人准备了晚餐，有香肠、鸡肉蔬菜汤、牛排、土豆、甜点、冰淇淋、饼干、红酒和果汁，因为有中国客人，还特意煮了米饭，考虑周全。虽然与中国人请客鸡鸭鱼肉俱全的菜品没法相比，英国食品的口味也不能与中华美食的色香味美相提并论，但主人的热情好客一点也不逊色，特别是开饭前，玛尔塔特意点上蜡烛，让我们在摇曳的烛光下享用了一次别有情趣的英式晚餐。

此后，我和玛尔塔成了好朋友，并通过她结识了更多当地人，理查德和艾莉森夫妇就是其中一家，他们邀请我和朋友们去家中做客，但因为朋友们忙于其他事情，最终只有我一人赴宴，夫妇俩准备了十多人的午餐，结果是全家陪着我一人"享用"，"空前绝后"的待遇也让我有更多时间和他们交流，因为投缘，这次经历把理查德家变成了《客居英国》中的"史蒂芬家"。

男主人理查德是一位电器工程师，30多年前毕业于剑桥大学的伊曼纽尔学院，有着英国人的低调、理性、淡定和不时流露的幽默，当然，还有世界名校毕业生骨子里的优越感。他知识面广，对各种新鲜的和自己不了解的事物充满了好奇，客厅里的书柜中放满了关于历史、建筑、文化、自然、旅游、园艺、烹饪的书籍和画册。女主人艾莉森每周有四个半天在幼儿园兼职工作，其余时间则在家打理家务，擅长烹饪和园艺，喜欢摄影和手工制作，社区图书馆是每周必定光顾的地方。两人内外分工明确，四个孩子都已成年，属于典型的英国家庭。

他们的房子位于一座高尔夫球场附近，院子很大，挖了鱼塘，甚至为两个儿子弄了半块小型足球场。理查德有一间宽敞的木工房，里面工具一应俱全，为了伺候房前屋后的花花草草，杂物间挂满了各种尺寸的铲子和园艺工具，理查德慢工出细活地花了一年多时间亲自动手装修卫生间。

常常在周末收到理查德发来的短信："晚上有什么安排？到我家来吧。"

"你们有什么特殊的活动吗？"我回复。

"没有，只是请你来喝茶。"然后约好时间，他开车来接我。

接下来的一个晚上，我"占据"他们家的大沙发，面前是一只马克杯泡上英式红茶，几样特别为我准备的小点心，夫妇俩则分别坐在两侧的单人沙发上，我们的交谈像是一场专访，两人更像是记者，不停地轮番提问，看得出他们对中国抱有浓厚的兴趣。

时间久了，我像《客居英国》里的安娜一样，成了他们家的临时成员，我端着大杯子喝英式红茶时，理查德用中国功夫茶具泡普洱。圣诞节期间全家不仅吃艾莉森烤的火鸡，也品尝我煮的三鲜火锅，我用刀叉切牛排，他们用筷子夹鱼丸；我喜欢甜得发腻的布丁，艾莉森对萨琪玛很感兴趣；早餐我吃冰牛奶泡麦圈，他们尝中国酸辣面条；我和他们一家老小玩英国游戏，他们也似懂非懂地码"中国城墙"……

《客居英国》中，瑞典的安娜随身带着相机，记录在英国的每一天。作为记者，相机也是我的工具，无论走到哪儿都捕捉生活中的细节，这也是了解英国社会的一种手段。每到一户人家做客，征得主人同意后，我常常把房子里里外外拍一遍，包括主人家的所有成员，同时也不忘抓拍其他参加聚会的朋友和他们带去的美食。聚会结束后，回到家做的第一件事情就是把照片用电子邮件传给主人，并附上一封热情洋溢的感谢信。

虽然现在数码相机很普及，但英国人中能熟练操作照相机，并且拍出好照片的人并不多，很多英国家庭仍然还在使用老式胶片"傻瓜相机"，他们在追逐潮流方面远不如中国人的步伐快。当看到熟视无睹的家庭场景被我以不同视角展示出来时，兴奋之情溢于言表，如果还能得到自己漂亮的肖像照片，或者生动的生活瞬间时，更是喜不自禁。

久而久之，我通过拍照结识了很多英国朋友和他们的家人，有一次聚会时碰到一家六口，父亲是一名演员，长得超级帅，母亲是家庭主妇，膝下三个英俊可爱的儿子。我根据孩子们的不同特点，分别给他们拍照，结果小朋友们拍上了瘾，追着我后面要求"再来一个"。后来经常碰到这家人，孩子们干脆不喊我的名字，而是直接叫我"Camera man"（摄影师）了。其他人也开玩笑地跟着这么喊，每个人对我的镜头都放松了警觉，相反，如果哪天我没有拿出相机，他们还会很奇怪。

在活动过程中，常会碰到一些"摄影发烧友"，设备不错，手艺却很"烂"，他们每次看见我就会把自己的照片拿出来，请我点评，这种交流比起刻意地举着酒杯、没话找话地聊天要自然和有趣得多。我会告诉他们怎么构图，怎么控制曝光，怎么抓拍，同时不吝辞藻地夸奖一番，于是皆大欢喜。

以相机为桥梁，我访问了不少英国家庭，走进他们日常生活的同时，也让他们了解中国。一次应邀到一户人家做客，主人是两位退休老人，因为有中国朋友到访，他们还专门邀请了自己的婶婶前来共进午餐。这位80多岁的老奶奶满头白发，精神矍铄，一大早出门，慢慢腾腾自驾车几个小时，从英国的另外一座城市专程赶来赴宴，席间聊起中国，她还问现在人们是不是还留辫子，让人哭笑不得。

以前听说一些英国人对中国的了解还停留在大清，一直觉得有些危言耸听和言过其实，可当真接触到这样的人时，才感到中国在世界经济中的崛起并不能轻易改变我们在历史长河中留给世人的印象，让世界了解真实的中国，需要做的工作还很多，于是，接下来的聚会变成了中国知识的普及"讲座"。

判断真正英国人的标准有很多，其中有两点，第一是每周固定去教堂，第二是周末会泡在自己的花园、当地的园艺中心，或者是 DIY 用品超市，庆幸的是，我认识的英国朋友基本都与这两点沾边。虽然现在去教堂的英国人数量在逐年减少，但他们还执着于自己的信仰，并践行着开明、善良、宽容、团结、奉献和爱人如己的基督教教义，向几乎毫无关系的人伸出热情的双手，从他们的笑脸上我看到的是真正有信仰的人是幸福的。

离开伦敦前，理查德夫妇在花园里专门为我组织了一次烧烤聚会，同时邀请了我在当地认识的朋友们。那天天气晴朗，阳光明媚，夕阳中，几位女士在草坪边的烧烤架旁忙碌着，不时用指针温度计插入香肠里测量温度，肉香伴着烟火味飘散在空中，男人们则边打着滚木球，便喝着红酒。这个场景和 20 年前我在电视里看到的《客居英国》最后一集几乎一模一样，剧中的史蒂芬夫妇在自家院子里给安娜送行，最后所有出场人物合影时一起说"Cheese！"。

客居英国的日子，带着对昔日强盛帝国的好奇，我徜徉在不列颠悠久的历史长河中，解读独特文化对社会的影响，探寻他们的成功之道。客居英国的日子，我用真诚、微笑一次次叩开英国人私密的"城堡"，用文字和影像记录下普通人平凡的生活，赢得他们的信任和好感，这些不列颠人用自己的方式和行动告诉我："You can come again。"

更重要的是，客居英国的日子，我时刻用他们那一套作为镜子，审视和思考着我们的过去、现在和未来。

后记
Afterword

　　就在书稿进入后期修订时，2011 年 8 月 6 日，为抗议一名 29 岁的黑人男子被警察枪杀，伦敦北部托特纳姆地区约 300 名居民聚集在当地警察局门前示威，结果演变成一场骚乱，进而引发曼彻斯特、伯明翰、利物浦等其他英国主要城市也爆发了大规模街头暴力活动。严重的打、砸、抢、掠暴力事件，不仅震惊英国，也成为世界关注的焦点。这可是几十年来，英国警方在街头未曾碰到过的成规模的违法行为，与人们心目中温文尔雅的"绅士英国"形象相去甚远，看着在动乱和战争地区才会见到的景象，很多人不禁要问：英国这是咋啦？

　　骚乱暴露了英国社会的很多问题，有媒体在 8、9 月间对此进行了问卷调查，受访者列出的原因有黑帮势力、政府削减开支、失业、种族关系紧张、薄弱的治安监管和道德水准下滑等。

　　8 月 11 日，首相卡梅伦就骚乱事件向议院发表陈述，反复提及国家面临的日益严重的青少年问题，有统计显示，近 50% 的英国青少年在没学到什么东西的年龄就离开学校，走向社会，其中一部分缺乏管教的变成了街头小混混，惹是生非，滋生社会不稳定因素。

　　在总结事件深层次问题时，他说："孩子们在不辨是非的环境中日渐长大，很多实例中，这些孩子的父母，如果他们还在自己子女身边的话，对孩子们身在何处、与什么人交往漠不关心，更不用说关心他们在做什么了。这种大规模地忽视和缺少道德教育所带来的后果已经在很长时间内就凸显了，无须过多行为来证实，一切不言而喻。"

甭管在英国哪座城市，天一擦黑，就能看见一些形迹可疑，身着连帽运动衣的青少年溜溜达达出来活动，三五成群聚在一起，他们中有白人，也有印巴、非洲移民的后代，这些人制造的犯罪案件一直是英国媒体重点报道的领域之一。英国广播公司一档知名时事节目曾经报道过伦敦移民聚居区的问题，原来居住在那里的英国人因为治安越来越差而逐渐搬离，腾出的空间又被新移民填充，形成恶性循环。节目中的一个细节给我留下很深印象，一位英国老太太在家门口看着路边熙熙攘攘的移民们举行示威游行，面对BBC记者的镜头，恨恨地说"垃圾"。初到伦敦时，朋友就提醒我，有的地方最好少去为妙。

即便在世界历史文化名城牛津附近也存在这样的区域，大白天行走在路上，街头的涂鸦，不怀好意的眼神和特殊腔调的英语都让人有一种不安全感，不是十分必要一般不去，即便去了也是办完事情便迅速离开。

对于近一半被认为教育"失败"的青少年而言，英国没有给予足够关注，而他们恰恰需要更多身心方面的辅导，以及人际交往、团队合作、解决问题和认真做事的技巧，套用时下中国流行的词就是"培养合格公民"，这些都需要如对待科学般严肃认真的态度和缜密的政策保障。2011 年 8 月 11 日，卡梅伦在议会说："我们需要在学校中建立更多秩序。"

但即便在这样引起世界关注的重大事件中，我们也能看到诸如记者现场拍摄影像画面是否应该提交给警方作为证据的媒体伦理问题讨论、政府如何处置社交媒体在事件中的作用、公开对警察控制局面能力的质疑、公众在事件发生后的自发清扫行动，还有上面提及的对青少年教育问题的反思等。

时至 2011 年底，就在英国最重要的节日——圣诞节来临之前，11 月 30 日，英国各地爆发大规模罢工，抗议政府此前提出的公营部门养老金改革计划，要将员工退休年龄从 60 岁延长到 66 岁，并增加员工工作期间的养老金缴纳额度，降低退休后养老金支付水平等。

罢工由全英教师工会、公共和商业服务工会等 20 多个工会联合组织，参与者包括教师、政府工作人员、警察、边检人员、法院人员、机场工作人员、环卫工人等，波及十多座英国主要城市，举行超过 1000 场游行示威，估计全英范围内有超过 200 万人参与此次 24 小时罢工行动。自然，各地学校、医院、政府机构、入境边检等公营部门的服务停滞或受严重影响，而这只不过是众多罢工中规模比较大的一次。

像世界上任何国家一样，英国也面临着诸多问题和困境，作为外国人，在这里生活的每一天也并不总是舒心惬意，本书之所以没有更多呈现自己碰到的烦心事儿和接触的阴暗面，是因为如果我们只盯着人家的短处，不仅无助于自身进步，反而会生出狭隘的自以为是。

2010 年 12 月，我赴牛津大学继续媒体研究工作，这也给本书在内容上的充实和完善带来了可能。这一年的圣诞节是在理查德和艾莉森夫妇家度过的，我不时外出补充采访，为书稿拍摄新图片，其余大部分时间则坐在宽敞明亮的起居室里继续写作。窗外是修建整齐的草坪，各种叫不出名字的鸟儿悠闲地在上面起起落落，享受着主人为它们准备的食物和饮水，不时有狐狸母子闲庭信步般大摇大摆地在我眼皮下穿过，不少网友对我发布的关于狐狸的微博表示难以置信。几乎就在同时，从我出生的城市传来消息，地方政府打算把位于市中心的动物园搬迁到郊外，把腾出来的黄金地皮改作他用。

理查德不仅帮助我解答书稿中涉及的关于历史文化细节方面的小问题，还耐心地听我讲述每一篇书稿的内容，然后共同反复斟酌酌原汁原味的英文标题。作为电器工程师的理查德和差点成了化工工程师的我在观察事物和思考问题方面有很多相似之处，这或许就是我们有缘、并且总有话题的原因。从他们身上我看到了英国人的聪明、率真、虔诚、得体、整洁、真诚、善良、热情、低调、有礼貌、重承诺、讲信誉和凡事都留有余地的优秀品质，这也正是我始终对大不列颠王国抱有特殊感情的主要原因，套用我们的话说就是每个人都是一个国家的小窗口。

就在本书进入修订后期时，鲍里斯以微弱优势再次战胜老对手利文斯通，连任大伦敦市长。巧合的是，本书从第一篇专栏构思到最后一章书稿修订完成，直至现在即将付梓，历时约4年，刚好是鲍里斯的第一个任期。期间我完成了两部英国电视研究专著、一本电视评论文集，还有几部"半成品"存在文件夹里。动笔之初，自己从没想到能这样一本本写下来，这要归因于多年记者生涯的锤炼和惯性，让我把观察世界和思考变成了一种生活方式，不断探索未知领域，并且乐此不疲。

2012年是中英建交40年；庆祝伊利莎白二世女王登基六十周年的活动也贯穿大半年；奥运会第三次在伦敦举办，残奥会也第一次回到它的诞生地，中国记者的总数量据说甚至超过了东道主，显示出中国人民对奥运、对"大英帝国"的格外热情，所有这些都让本书的出版水到渠成。

拙作很荣幸地得到前中国驻英使馆公参和前教科文全委会秘书长田小刚、《中国国家地理》杂志社社长、总编李栓科，以及新东方教育科技集团董事长俞敏洪三位前辈的肯定和推荐，我从他们身上获益良多。与田先生数次在学术会议、华人社团聚会等活动中碰面，他的随和、亲切给人留下深刻印象。《中国国家地理》在栓科先生理性、严谨、务实的风格引领下，不仅为读者展示美丽中国，还解析背后的魅力源泉，我是它多年的忠实读者。而把外语当作工具去了解世界，进而更好地认识中国，应该是如俞敏洪先生的新东方这样的教育机构所乐于见到的。

感谢杨文虎、李小国、赵树清、马建宇、王娟、王珂、梁琦、刘晓明、王芳、王雷、丁继雄、武坤、章少宏、阮鸿献、虎良灿、郭大为、李爽、崔莹、张艺、饶玉君、胡敏、何雨洁、张涛、吉海龙、Richard和Alison夫妇、Hilary Duncan、Colin Sparks、Martin Huckerby，以及诸多无法逐一鸣谢的前辈、同事、同行和朋友们，没有你们的帮助、支持和鼓励，也就不会有我在英国电视和社会文化研究领域取得的这些小成果。特别需要提到的是李晓风先生多年的关照和李影女士对本书提出的中肯建议。

　　最后，谢谢大家耐心地读完了本书，希望听到您的意见和反馈，以便让我在未来关于英国电视文化和梦幻塔尖之城 —— 牛津的新著、画册中做得更好。

周康梁

2012 年 6 月 6 日

图书在版编目(CIP)数据

他们那一套：中国记者的英国社会观察盒影像记录/ 周康梁著. -- 上海：
文汇出版社, 2012.9

ISBN 978-7-5496-0581-1

I. ①他… II. ①周… I II. ①社会生活-研究-英国 IV. ①D756.18

中国版本图书馆CIP数据核字(2012)第176465号

他们那一套
中国记者的英国社会观察和影像记录

著丨摄影：周康梁
出 版 人：桂国强
责任编辑：刘　刚
装帧设计：周夏萍

出版发行：文匯出版社
上海市威海路 755 号（邮政编码 200041）
印　　刷：上海丽佳制版印刷有限公司
版　　次：2012 年 9 月第一版
印　　次：2012 年 9 月第一次印刷
开　　本：890 × 1240　1/32
字　　数：120 千（图 300 幅）
印　　张：9
ISBN 978-7-5496-0581-1
定　　价：45.00 元